DER BÖSE GUTE WILLE

Lothar Fritze

DER BÖSE
GUTE WILLE

Weltrettung und Selbstaufgabe
in der Migrationskrise

Edition Sonderwege

INHALT

VORWORT

In den öffentlichen Debatten in Deutschland gelten Anschauungen wie die hier geäußerten als »populistisch«, »fremdenfeindlich«, »islamophob« und »rechtsradikal«. Wer diese Kennzeichnungen zu harmlos findet, wird stattdessen von einer »rechtsextremistischen Menschenfeindlichkeit« sprechen.

Gegen begriffliche Zuschreibungen dieser Art kann man sich nicht zur Wehr setzen. Man muss sie ertragen – und sollte sich zugleich des ideologischen Hintergrunds bewusst bleiben, vor dem solche Anschuldigungen erhoben werden: Deutschland befindet sich in einem Kulturkampf. In dessen Mittelpunkt steht die Frage, ob nationale Identität und kulturelle Homogenität weiterhin als Werte gelten, die zu verteidigen rational und legitim sein kann. Zwei Grundpositionen stehen sich gegenüber:

Die *Pro-Position* wird vornehmlich von konservativen Intellektuellen und – wenigstens intuitiv – von großen Teilen der Bevölkerung, insbesondere Ostdeutschlands, vertreten. Eines der Hauptmotive der Vertreter dieser Position ist auf ein inhaltlich bestimmtes Ziel gerichtet, nämlich die Existenzsicherung des deutschen Volkes und die Bewahrung seiner Kultur. Ein anderes Hauptmotiv entspringt einer antitotalitären Grundhaltung, einer Haltung, die gesellschaftlichen Umwälzungen großen Stils skeptisch gegenübersteht und alle Versuche ablehnt, Weltverbesserungsideen durch radikale Überwindung des Hergebrachten und Bestehenden auch gegen den Willen der davon Betroffenen durchzusetzen. Ein weiteres Motiv ergibt sich aus der Überzeugung, dass die Existenz von Völkern und Nationen sowie eine Vielfalt von Kulturen sowohl Experimentiermöglichkeiten für Praktiken und Institutionen der kollektiven Daseinsbewältigung eröffnen als auch einen Wert an sich darstellen.

In der Flüchtlingskrise plädieren die Vertreter der Pro-Position dafür, Asylsuchende und Flüchtlinge im Rahmen des moralisch und rechtlich Gebotenen aufzunehmen beziehungsweise ihnen vorübergehend Schutz zu gewähren. Einwanderung hingegen wollen sie möglichst dosieren und nur im nationalen Interesse gewähren.

Die *Kontra-Position* scheint von großen Teilen der politisch-medialen Klasse vertreten zu werden. Der ideologische Hauptimpuls der Vertreter dieser Position entspringt sowohl einer moralisch universalistischen als auch kosmopolitischen Grundeinstellung. Ihr zeitgenössisches, langfristig angelegtes gesellschaftliches Projekt ist die globale multikulturelle Gesellschaft. Der Weg dorthin führt über eine Forcierung von Einwanderung sowie die sukzessive Entmachtung von Nationalstaaten durch Souveränitätsverzicht und eine Verlagerung von Kompetenzen auf supranationale Ebenen. Zugleich verfolgt man eine Idee umfassender sozialer Gerechtigkeit und Gleichheit und beschreitet den Weg einer möglichst weitgehenden, über die bloßen Daseinssicherungen des Sozialstaates hinausgehenden Umverteilung innerhalb der nationalen Gemeinschaften und zwischen ihnen. Am Endpunkt dieser Entwicklung soll eine ethnisch und kulturell unifizierte Weltgesellschaft von Gleichen stehen, deren Kommen man auch gegen Widerstände der Völker beschleunigen möchte.

In der Flüchtlingskrise begrüßen die Vertreter der Kontra-Position die Massenimmigration. Sie betrachten Einwanderung grundsätzlich positiv, weil sie zur ethnischen und kulturellen Durchmischung und damit zum Abbau nationaler Beharrungskräfte führt. Direkt oder indirekt befürworten sie eine Niederlassungsfreiheit für jedermann. Sie sind die ideologischen Träger der »Willkommenskultur«.

In der politischen Auseinandersetzung der Gegenwart sind die Vertreter der beiden gegensätzlichen Positionen die wesentlichen Akteure. Die Hauptmethode der Kampfesführung der universalistisch, internationalistisch und multikulturell gestimmten Protagonisten besteht allerdings nicht im Ausbreiten von Argumenten, sondern in der moralischen Desavouierung derjenigen, die am Fortbestand des deutschen Volkes und des deutschen Nationalstaates als Kulturgemeinschaft interessiert sind und die nationale Identität erhalten möchten. Durch die gezielte Moralisierung des Konflikts ist die gegnerische Pro-Position derzeit nicht als eine gleichberechtigte Position in der politischen Auseinandersetzung vertretbar. Die moralische Herabsetzung der Andersdenkenden, ihre Dämonisierung, wird betrieben, indem man deren Präferenzen und Überzeugungen als unanständig und geradezu unmenschlich, ja als böse erscheinen lässt. Das Ziel dieser Ausgrenzungspolitik besteht darin, die verfassungskonforme Pro-Position als indiskutabel erscheinen zu lassen und sich damit jeder inhaltlichen Auseinandersetzung von vornherein zu entziehen. Zugleich geht es darum, sich der Notwendigkeit zu entheben, die eigenen Überzeugungen klar zu formulieren und sich zu den eigenen Absichten öffentlich bekennen zu müssen.

Diese Methode der Kampfesführung widerspricht dem Geist der Demokratie. Sie behindert die Artikulation von Erfahrungen, die Äußerung von Ideen und den Austausch von Argumenten. Durch sie wird der sich in der öffentlichen Debatte herausbildende Allgemeinwille manipuliert. Es handelt sich um eine Methode, die die Gesellschaft spaltet und die Funktionsfähigkeit der Demokratie langfristig in Frage stellt.

Angesichts der Massenwanderung in Richtung Europa ist es selbstverständlich, dass die außenpolitischen Folgen nationaler Sicherheitspolitik bedacht werden müssen. Einem solchen Problem ist am besten mit europäischen Lösungen zu begegnen. Nur: Welchen Sinn könnte eine Politik haben, mit der sich ein Land sowohl in Europa als auch der Europäischen Union weitgehend isoliert und seinen Lösungsansatz widerstreitenden Nationen nachgerade aufzwingt? Eine fortgesetzte ungesteuerte Masseneinwanderung hätte unabsehbare Konsequenzen für die Wirtschaftskraft des Landes, die Finanzierbarkeit der sozialen Sicherungssysteme, die innere Sicherheit und die politische Stabilität. Welche außen- oder weltpolitischen Ziele sollen eigentlich erreicht werden, für die die Inkaufnahme der inneren Destabilisierung angemessen wäre? Wie gedenkt man mit einer Politik der »Willkommenskultur« der verfassungsrechtlichen Forderung nachzukommen, alle Kraft »dem Wohle des deutschen Volkes« zu widmen (Art. 56 Abs. 1 GG)?

Oder betreiben die Verantwortlichen tatsächlich Politik unter den Gesichtspunkten eines moralischen Universalismus, einer Moral, die die Interessen aller Menschen auf der Welt in gleicher Weise zu berücksichtigen sucht?

Wir erleben gegenwärtig, wie die Regierung eines demokratischen Staates, vielleicht sogar eine Einzelperson, dabei ist, die ethnische Zusammensetzung der Bevölkerung und die Lebensverhältnisse des Landes gegen den offenkundigen Willen und die Interessen der Mehrheit des Volkes drastisch und irreversibel zu verändern. Noch ist der Widerstand, der sich gegen diese Enteignung regt, schwach. Doch die Propaganda, die diese Politik begleitet, stößt in der Bevölkerung auf wachsenden Unmut.

Die Repräsentanten des demokratischen Rechtsstaats sind nicht befugt, im Resultat einer spontanen Gefühlsaufwallung oder in kalkulierter Verwirklichung einer politischen Utopie die gesamte Menschheit als potenzielle Mitbürger zu behandeln und von ihrem Volk die dazu nötigen Solidaritätsleistungen zu erzwingen. Denn die »Rettung der Welt« ist kein Verfassungsziel. Wenn eine Regierungschefin einen Staat, in dem diese verfassungsrechtlichen Grundsätze gelten, nicht als den ihren betrachten kann, hat sie die Möglichkeit zurückzutreten. Subjektive Befindlichkeiten rechtfertigen nicht den Rechtsbruch.

Wer sich einbildet, mit den eingangs genannten Begrifflichkeiten einen klaren Sinn verbinden zu können, und obendrein nicht davor zurückschreckt, selbst derartige Zuschreibungen vorzunehmen, ist gut beraten, die Hände von diesem Text zu lassen. Er fände an ihm keine Freude. Jeden anderen möchte ich jedoch einladen, an dem Versuch teilzunehmen, sich eine Meinung über die derzeitigen Flüchtlings- und Einwanderungsbewegungen zu bilden. Diese Krise stellt für Deutschland und Europa die größte Herausforderung seit dem Zweiten Weltkrieg dar. Ihre eigentliche Brisanz jedoch gewinnt sie durch den Umstand, dass die politische Linke sie als Gelegenheit benutzt, ihr Projekt einer radikalen Umgestaltung der Gesellschaft und der Auflösung der Nation auf Umwegen doch noch zu erreichen.

Für die kritische Durchsicht des Manuskripts und hilfreiche Diskussionen danke ich Benjamin Fritze, Prof. Dr. Eckhard Jesse, Dr. Jürgen Richter sowie Dr. Manfred Zeidler.

Chemnitz, im Juni 2016   *Lothar Fritze*

I.
SOUVERÄNITÄT UND KULTURELLE
HOMOGENITÄT

1. Kollektive Daseinsbewältigung

Völker, Nationen und Staaten sind Kollektive gemeinsamer Daseinsbewältigung; es sind Menschengruppen, die auf der Grundlage einer gelebten Zusammengehörigkeit und zum Zwecke der Erlangung von Sicherheit, Freiheit und Wohlstand bestimmte Regeln des Zusammenlebens akzeptieren.

Völker, Nationen und Staaten sind soziale Einheiten zwischen dem Einzelnen und seiner Familie auf der einen und der Menschheit als Ganzer auf der anderen Seite. Jenseits der Familie sind es jene »Kollektivwesen«, die die wirksamsten Identifizierungen und die intensivsten Loyalitäten entstehen lassen. Jeder Sozialverband dieser Art beruht auf der Zuschreibung gemeinsamer Eigenschaften. Die jeweiligen Konfigurationen gemeinsamer Eigenschaften können sich von Fall zu Fall unterscheiden. Verbindende Eigenschaften sind etwa Abstammung, Sprache, Siedlungsgebiet, Geschichte, Religion, Kultur. Das gemeinsame Haben solcher Eigenschaften verbürgt einerseits eine reale Gleichheit innerhalb der Gruppe und fungiert andererseits als Unterscheidungsmerkmal zu anderen Sozialverbänden.[1]

Als soziale Wesen sind Menschen im Interesse ihrer physischen Reproduktion, ihrer sprachlichen und geistigen Entwicklung sowie ihrer psychischen Gesundheit auf funktionierende soziale Beziehungen angewiesen. Einer Gemeinschaft anzugehören ist für jeden ein Ziel und

---

[1] Vgl. dazu Josef Isensee: Nationalstaat und Verfassungsstaat – wechselseitige Bedingtheit. In: Rolf Stober (Hrsg.): *Recht und Recht. Festschrift für Gerd Roellecke zum 70. Geburtstag.* Stuttgart/Berlin/Köln 1997, S. 137–163, hier S. 147 f.

Wert. Kollektivwesen (Familien, Völker, Nationen, Rassen, Kulturen, Religionsgemeinschaften, Unternehmen, Sportvereine etc.) konstituieren sich durch reale Beziehungen zwischen ihren Mitgliedern. Die Intensität und die spezifische Qualität dieser Beziehungen im Vergleich zu den Beziehungen mit Gruppenfremden lassen ein »Wir-Gefühl« innerhalb der Gruppen entstehen – ein Gefühl der Zusammengehörigkeit und wechselseitigen Verbundenheit.

Völker, Nationen und Staaten sind Gefahren- und Schicksalsgemeinschaften. Die realen Beziehungen zwischen Gruppenmitgliedern und im Vergleich zu Nicht-Gruppenmitgliedern begründen im Laufe der Zeit eine gemeinsame Herkunft und ein gemeinsames geschichtliches Erbe. Gleichzeitig ergeben sich aus ihnen gemeinsame Interessen und damit ein gemeinsames Schicksal auch in der Zukunft. Im Leben in der Gemeinschaft bildet der Einzelne wesentliche Aspekte seiner persönlichen Identität aus; erst im Prozess der individuellen Daseinsbewältigung in der Gemeinschaft wird er, was er über seine bloße Gattungszugehörigkeit hinaus ist. Das einzelne Gruppenmitglied identifiziert sich mit den von der Gemeinschaft repräsentierten Merkmalen oder Eigenschaften – und zwar im Guten wie im Schlechten. Er hält sie für Merkmale oder Eigenschaften, die auch für sein So-Sein in einem bestimmten Maße kennzeichnend sind. Dies ist ein psychologisches Phänomen.

In der Regel beruht die Zugehörigkeit zu Sozialverbänden weder auf rationaler Einsicht noch auf individueller Entscheidung. Man wird in eine Gemeinschaft hineingeboren und ist dadurch ein Zugehöriger. Die

»Geburtlichkeit« des Menschen begründet die soziale Bedeutung der Abstammung. Man wird Angehöriger eines Volkes, indem man Eltern hat, die diesem Volk angehören. Auch wenn dies der Normalfall ist, stellt sich Zugehörigkeit nicht nur durch Abstammung her. Der Ort der Geburt kann genauso entscheidend sein wie ein dauerhafter Aufenthalt.

Moderne westliche Gesellschaften sind schon heute in einem hohen Maße ethnisch gemischt, sozial inhomogen und religiös pluralistisch. Insofern kann ein weitreichendes einheitliches Wir-Gefühl nicht durchgängig unterstellt werden. Auch sind Kollektive, etwa Völker, mitunter nicht klar abgrenzbar. Hinzu kommt, dass ohnehin nie alle Mitglieder einer größeren Gruppe als wirklich integriert gelten können. Jede Gesellschaft »produziert« Verstoßene, Aussätzige oder Kriminelle. Eine gewisse Inhomogenität und Desintegriertheit ist daher ein unvermeidbarer sozialer Tatbestand – und zwar nicht nur in westlichen Gesellschaften der Gegenwart. Allerdings geht es diesbezüglich um Fragen des Maßes. Eine Gesellschaft kann nicht jedes Ausmaß an Inhomogenität und Desintegriertheit ertragen, ohne dass ein einheitliches Wir-Gefühl zu existieren aufhörte. Inhomogene und desintegrierte Gesellschaften können in mehrere Gemeinschaften zerfallen.

Eine Gemeinschaft konstituiert sich wesentlich über ein Wir-Gefühl. Diesen Prozess der Einheitsbildung erfasst der Begriff der Integration.[2] Integriert ist, wer das Bewusstsein der wechselseitigen Verbundenheit der

---

2 So Josef Isensee: Nachwort: Solidarität – sozialethische Substanz eines Blankettbegriffs. In: Ders. (Hrsg.): *Solidarität in Knappheit. Zum Problem der Priorität.* Berlin 1998, S. 97–141, hier S. 101.

Gemeinschaftsmitglieder teilt und von den Gruppenmitgliedern als ein Dazugehöriger anerkannt wird. Reale Prozesse der Vergemeinschaftung gewinnen über den Aspekt der erstrebten Zugehörigkeit ein emotionales Element. Es ist ein Gefühl des Aufgehobenseins und des Zusammengehörens, das die Bildung der staatlichen Einheit begleitet. Dieses Wir-Gefühl beruht auf dem Bewusstsein der Zugehörigkeit zu einem bestimmten Volk und einer bestimmten Nation. Es hat – wie jeder beim Mitfiebern mit der deutschen Fußballnationalmannschaft an sich selbst beobachten kann – auch für »aufgeklärte« Menschen, die sich ihrer Vorurteile und Irrationalitäten bewusst zu werden versuchen, eine starke nationale Komponente.

Diese Komponente wird von der Konzeption des Verfassungspatriotismus, die die politische Einheit des Gemeinwesens auf die rationale Zustimmung zur Verfassung gründen zu können glaubt, nicht reflektiert. Nationen sind Völker, die sich als politische Handlungseinheiten konstituiert haben. Sie konstituieren sich aber gerade nicht nur über einen Verfassungspatriotismus. Völker sind nicht nur beliebig zusammengesetzte Mengen von Individuen, die sich auf der Basis rationaler Erwägungen gemeinsam einer Verfassung unterstellt haben. Völker entspringen in der Regel Abstammungsgemeinschaften oder begründen solche; sie sind verbunden durch geschichtliche Ereignisse, durch eine gemeinschaftliche Daseinsbewältigung, durch Sprache und Kultur, durch geteilte Glaubensüberzeugungen, Wertvorstellungen und gemeinsame Ziele.

Daran hat sich auch in einer zunehmend »individualistischer«, »hedonistischer« und »internationalistischer« gewordenen Welt nichts geändert. Zwar mag für viele ethnische Zugehörigkeit, die Zugehörigkeit zu einem Volk, unter geordneten und prosperierenden Verhältnissen eine eher wenig bedeutende Rolle spielen. Sobald es aber darauf ankommt, Notsituationen zu bestehen oder den Mangel zu verwalten, weiß man, wer »Wir« ist und wer die Fremden sind.[3] Die Praxis des gelebten Lebens gibt Auskunft darüber.

Ungeachtet dessen gilt: Kollektive Entitäten unterliegen der Selbstveränderung und stehen im Austausch mit anderen Entitäten derselben Art. Sie sind weder unwandelbare Wesenheiten, noch ist ihre Identität etwas Statisches. Das jedoch hindert Kollektive nicht daran, vor allem in Konfliktsituationen ihre Identität zu betonen und sich strikt von anderen abzugrenzen.

Völker, Nationen und Staaten sind Überlebenskollektive – Kollektive der gemeinschaftlichen Daseinsbewältigung ihrer Mitglieder. In Konfliktsituationen steht die Sicherstellung von Existenzvoraussetzungen im weitesten Sinne auf dem Spiel. Gemeinschaften kämpfen um Lebensraum und Ressourcen für die Reproduktion des Lebens jedes einzelnen Mitglieds. Deshalb sind das Interesse und das Streben von Menschen nicht nur auf die Reproduktion ihres eigenen Lebens, sondern immer auch auf die Reproduktion dieser Gemeinschaften ge-

---

3 So auch Götz Kubitschek: [Brief an Armin Nassehi vom 8. April 2014]. In: Armin Nassehi: *Die letzte Stunde der Wahrheit. Warum rechts und links keine Alternativen mehr sind und Gesellschaft ganz anders beschrieben werden muss.* Hamburg 2015, S. 317–321, hier S. 319.

richtet. Man könnte nachgerade von einer »Doppelnatur« des Menschen sprechen: In seinem Streben nach Selbsterhaltung ist er auf sich selbst und zugleich auf die eigene Gemeinschaft fixiert.

In Konflikten haben diejenigen Kollektiventitäten die größeren Selbstbehauptungs- und Überlebensaussichten, denen es besser gelingt, einerseits Triebkräfte der Innovation und Anpassung zu mobilisieren und andererseits Opferbereitschaft freizusetzen. Die Bereitschaft wiederum, sich für die Gemeinschaft einzusetzen und auch persönliche Nachteile zu ertragen, wächst mit der inneren Verbundenheit des Einzelnen mit seinem Volk und seiner Nation. Und dieses Gefühl der Verbundenheit und Zusammengehörigkeit dürfte in ethnisch, religiös und kulturell homogenen Gemeinschaften tendenziell größer sein oder sich leichter einstellen als in Vielvölkerstaaten mit ganz unterschiedlichen Religionen und Kulturen, in denen sich aber gleichwohl in einem längeren Prozess – man denke etwa an die Schweiz oder die USA – ebenfalls ein Wir-Gefühl herausbilden kann.

2. Kulturelle Homogenität als Stabilitätsfaktor

Demokratien sind Herrschaftssysteme, in denen zwar letztlich, so sagt man, das Volk herrscht, in denen die jeweilige Minderheit es jedoch hinnehmen muss, zeitweise von der durch die Mehrheit bestimmten Regierung regiert, also von der Mehrheit beherrscht zu werden. In einem Verfassungsstaat mit Grundrechtsbindung können alle Bürger und also auch die Angehörigen von Minderheiten erwarten, dass keine Gesetze erlassen werden, die als eine Form der Unterdrückung zu verstehen sind. Zudem wird in einer funktionierenden Demokratie die Regierung an der Stabilität des Gemeinwesens interessiert sein und deshalb berechtigte Interessen auch der Minderheit möglichst berücksichtigen. Sie wird versuchen, Gefühle des Nichtverstandenwerdens und des Ausgegrenztseins nicht aufkommen zu lassen; sie wird relevante Minderheiten einzubinden versuchen und die Entstehung von Parallelgesellschaften möglichst vermeiden (jedenfalls solange eine Vermeidung noch geboten erscheint).

Demokratien funktionieren nicht voraussetzungslos. Für ein möglichst reibungsloses Funktionieren ist es sicherlich von Vorteil, wenn eine übergroße Mehrheit der auf dem Staatsterritorium lebenden Menschen ein Gefühl der Zusammengehörigkeit und der gemeinsamen Verantwortung entwickelt hat, ja wenn sie sich als eine Gemeinschaft begreift. Ein solches Wir-Gefühl ist an ein wechselseitiges Verständnis und damit an eine gewisse kulturelle Homogenität gebunden. Auch wenn diese durch unterschiedliche Faktorenbündel konstituierbar sein mag, so sind doch eine gemeinsame

Sprache, vielleicht auch nur als Verkehrssprache, eine gemeinsame Geschichte, gemeinsame Werte, ein gemeinsames Bekenntnis zu den rechtlichen und institutionellen Grundlagen von Staat und Gesellschaft oder gesellschaftlich verfolgte Projekte Faktoren, die eine herrschende Kultur begründen können. Stammen die Mitglieder einer Gesellschaft hingegen aus verschiedenen Kulturen, gehören sie gleichsam unterschiedlichen Welten an, sodass sie sich kaum verstehen und sich aus verschiedenen Quellen informieren, kann sich kein Zusammengehörigkeitsgefühl und auch kein Staatsvolk entwickeln.

Innerdemokratische Prozesse werden erschwert, wenn das »Staatsvolk« in mehrere Gemeinschaften auseinanderfällt, deren Kommunikation aufgrund kultureller Disharmonie gestört ist. Wenn sich muslimische Männer weigern, den Anweisungen weiblichen Polizeipersonals Folge zu leisten, oder arabischstämmige Clans die Zusammenarbeit mit deutschen Behörden verweigern, weil sie die deutsche Rechtsordnung nicht anerkennen, ist die notwendige kulturelle Homogenität bereits nicht mehr gewährleistet. Wenn Zugewanderte den Multikulturalismus propagieren und eine Assimilierung grundsätzlich ablehnen oder den Wunsch nach Assimilierung gar für einen Menschenrechtsverstoß halten, dann wird einer fortschreitenden kulturellen Diversität der Boden bereitet. Dadurch werden die Kommunikation und die im politischen Bereich gebotene Kompromissfindung erschwert.

Man sollte sich klarmachen: Kulturelle Homogenität ist kein Selbstzweck. Sie bereitet den Boden für eine in Grundmerkmalen übereinstimmende Lebensform. Kulturelle Homogenität sorgt aber auch für eine gemeinsam geteilte »Hintergrundideologie« – für jene schwer greifbaren Übereinstimmungen im Denken und Fühlen von Menschen, die sich in charakteristischen Lebensäußerungen und Verhaltensweisen, die man mitunter als »Leitkultur« bezeichnet, niederschlagen. Eine gemeinsame Lebenspraxis mit ihren fraglos akzeptierten Eigenheiten, mit gemeinsam geteilten Überzeugungen und ähnlichen Empfindungen kann eine Menge von Menschen, selbst wenn sie nicht gemeinsamer Abstammung wären, zu einer politischen Einheit zusammenfinden lassen. Kulturell heterogene, konfessionell gespaltene oder im sozialen Unfrieden lebende Bevölkerungen haben es hingegen schwer, gegenseitiges Verständnis und Solidaritätsgefühle füreinander zu entwickeln; sie haben es schwerer, eine selbstbewusste und im Geiste freie Bürgerschaft statt Untertan einer elitären Oberschicht zu werden.[4] Eine massenhafte nichtgestaltete Einwanderung aber, die in relativ kurzer Zeit die Zusammensetzung der Einwanderungsgesellschaft signifikant verändert, stellt deren kulturelle Homogenität in Frage.

Damit befinden sich liberale Demokratien in einem Dilemma, das sowohl für den Rechts- als auch den Sozialstaat bedrohlich werden kann. Der liberale Staat kann zwar Treue zur Verfassungs- und Rechtsordnung einfordern, nicht aber eine allgemeinverbindliche Lebensweise vorgeben oder zu einem be-

---

[4] Vgl. auch Karl Albrecht Schachtschneider: *Die Souveränität Deutschlands. Souverän ist, wer frei ist.* Rottenburg 2012, S. 38 f.

stimmten Glauben verpflichten. Allein durch Achtung des geltenden Rechts wird man jedoch kein Teil der Gemeinschaft. Einerseits garantiert jene Menge von gelebten Üblichkeiten, von landes- und volkstypischen Lebensäußerungen, von selbstverständlichen Umgangsformen, von nichthinterfragten Einstellungen und Gewohnheiten ein reibungsloseres Funktionieren der staatlichen Institutionen. Andererseits ist der liberale Staat nicht legitimiert, eine Leitkultur zu definieren und vorzuschreiben. Die nationale Leitkultur übernimmt der Einzelne in seiner Sozialisation; eine Leitkultur saugt man im praktischen Leben auf – man verinnerlicht sie nicht durch Integrationsschulung. Es könnte daher sein, dass gerade der liberale und demokratische Staat, der auf die Akzeptanz durch seine Bürger angewiesen ist, in besonderer Weise auf die Bewahrung kultureller Homogenität zu achten hat.

Und dasselbe gilt für den Sozialstaat. Der Sozialstaat basiert nicht nur auf dem Modell des reziproken Altruismus. Dieses Modell folgt dem Prinzip eines wohlverstandenen Eigennutzes: Man ist bereit, Hilfe zu leisten, weil man im Notfall selbst Hilfe beanspruchen kann. Realistisch betrachtet ist jedoch nicht jeder in Bezug auf jede sozialstaatliche Leistung mit derselben Wahrscheinlichkeit ein potenzieller Hilfsbedürftiger. Im Sozialstaat ist daher eine Solidarität gefordert, die nicht nur auf einem Kosten-Nutzen-Kalkül beruht. Zu vermuten ist, dass die Akzeptanz von Solidaritätszumutungen – unter sonst gleichen Bedingungen – mit der kulturellen Homogenität der Gemeinschaft und dem Grad des Zusammengehörigkeitsgefühls ihrer Mitglieder wächst.

Im Sozialstaat wird ein Stück des für den Nahbereich der Familie charakteristischen Altruismus bewahrt. Er wird über ein Maß hinaus ausgedehnt, das noch rein rational, also auf der Basis eines Interessenkalküls, erklärbar wäre. Ein Wir-Gefühl ist daher auch in dieser Hinsicht eine elementare Voraussetzung, um eine hinreichende Bereitschaft zu entwickeln, für den anderen einzustehen. Der Einzelne muss das Gefühl haben, dass das, was die anderen betrifft, auch ihn angeht.[5] Er muss sich mit ihnen in bestimmter Hinsicht identifizieren; ihn muss das Gefühl leiten, dass die anderen und er selbst unter bestimmten Gesichtspunkten zusammengehören. Auf der Basis eines solchen Wir-Gefühls entsteht die Vorstellung von einem Gemeinwohl, und es wächst die Bereitschaft, Risiken und Lasten gemeinsam zu tragen. Einerseits korreliert die Opferbereitschaft mit dem Grad wechselseitiger Identifizierung,[6] andererseits verringert eine wachsende kulturelle Diversität die Umverteilungsbereitschaft.[7] Wenn das Gefühl überhandnimmt, mit dem Nachbarn eigentlich nichts gemein zu haben, ist man eher geneigt, sich den Staat zur Beute zu machen – ihn als einen »Selbstbedienungsladen« zu betrachten und den eigenen Beitrag zu minimieren.

Insofern mag die Existenz von Nationalstaaten ambivalent sein: Solange es sie gibt, wird sich das Gefühl der

---

5 Vgl. auch [Ernst-Wolfgang Böckenförde]: *Wissenschaft – Politik – Verfassungsgericht. Aufsätze von Ernst-Wolfgang Böckenförde/Biographisches Interview von Dieter Gosewinkel.* Frankfurt am Main 2011, S. 289 f.

6 Vgl. Egon Flaig: *Gegen den Strom. Für eine säkulare Republik Europa.* Springe 2013, S. 111.

7 Vgl. Paul Collier: *Exodus. Warum wir Einwanderung neu regeln müssen.* Bonn 2015, S. 91 ff.

Solidarität nicht auf die Menschheit überhaupt beziehen. Nationalstaaten und überhaupt Staaten haben eine in Bezug auf den historischen Trend der Ausweitung unseres moralischen Empfindens auf einen immer größeren Kreis von Menschen dämpfende Wirkung. Zugleich aber wird sich der Sozialstaatsgedanke am ehesten in einem Nationalstaat verwirklichen lassen. Er garantiert die gesellschaftlichen Bedingungen, die das Zusammengehörigkeitsgefühl einer Gemeinschaft stärken. Die Bewahrung des Sozialstaats gebietet es daher, Entwicklungen zu vermeiden, die das Potenzial für soziale, ethnische oder religiöse Konflikte erhöhen. Unter diesem Gesichtspunkt wird man das soziale Auseinanderdriften von Ober- und Unterschicht sowie die Entstehung von multikulturellen Parallelgesellschaften als gleichermaßen problematisch erachten. Der innere Zusammenhalt einer Gesellschaft ist nicht nur im Sinne eines möglichst friedlichen Zusammenlebens ein hohes Gut, sondern auch eine Ermöglichungsbedingung des Sozialstaats. Erst ein nationales Zusammengehörigkeitsgefühl erlaubt es dem Einzelnen, jenes notwendige Maß an Solidaritätsempfinden zu entwickeln, das das allgemeinmenschliche, »gattungstypische« Solidaritätsempfinden, das die meisten Menschen Angehörigen der eigenen Gattung entgegenbringen, übertrifft. Parallelgesellschaften hingegen verkörpern gelebte Abschottung; sie sind eine praktische Widerlegung der Illusion, unterschiedliche Kulturen und Religionen könnten ganz selbstverständlich konfliktfrei, verständnisvoll und solidarisch zusammenleben.

Die Frage, zu welchen Solidaritätsleistungen man bereit ist und wie viel Solidarität als zumutbar betrachtet wird, richtet sich übrigens nicht nur an die angestammten Mitglieder einer Gruppe, sondern auch an die zugewanderten Neu-Mitglieder. Auch sie dürfen den Staat nicht als einen Selbstbedienungsladen betrachten. Auch sie dürfen nicht nur als Anspruchsberechtigte und Fordernde auftreten. Auch sie müssen letztlich bereit sein, Solidaritätslasten zu tragen. Werden Einwanderer, die aus anderen Kulturkreisen kommen und andere Mentalitäten sowie andere Moralvorstellungen mitbringen, dazu in der Lage sein?

Eine ganze Reihe empirischer Erkenntnisse der Sozialforschung stimmen diesbezüglich skeptisch. Der Oxforder Ökonom Paul Collier fasst einige Ergebnisse der internationalen Forschung wie folgt zusammen: »Einwandererkinder widersetzen sich hartnäckiger als ihre Eltern der Anpassung an die Mehrheitskultur.«[8] »Je größer der Einwandereranteil in einer Gemeinde, desto geringer das Vertrauen zwischen Einwanderern und Einheimischen.«[9] »Je mehr Einwanderer in einer Gemeinde leben, desto geringer wird das Vertrauen nicht nur zwischen den verschiedenen Gruppen, sondern auch innerhalb der Gruppen.«[10] Das heißt: Einwanderung, die in Umfang und Tempo kritische Grenzen übersteigt, verringert die Bereitschaft, zu kooperieren und zu teilen. Die derzeitige Masseneinwanderung kann nicht ohne Aus-

8 Ebd., S. 75.
9 Ebd., S. 80 f.
10 Ebd., S. 81 (Hervorhebung getilgt).

wirkungen auf das Funktionieren der europäischen Sozialstaaten bleiben.

Daraus ergibt sich zwingend, dass der Wohlfahrtsstaat europäischer Prägung seinerseits einen Staat voraussetzt, der die Einwanderung kontrolliert und strikt limitiert. Die Kontrolle über die Einwanderung kann ein Staat nur dann ausüben, wenn er souverän ist, über sämtliche Arten von Beschränkungen und Hindernissen zu befinden, die den Einwanderungssog reduzieren. Darüber hinaus muss er die Macht haben und die Bereitschaft entwickeln, seine Regeln durchzusetzen – notfalls auch mit Gewalt.

Nationalstaaten propagieren gemeinsame Haltungen und entwickeln gemeinsame historische Erinnerungen; sie predigen ein gemeinsames Schicksal und formulieren gemeinsame Aufgaben. Sie üben die Kontrolle über ein eigenes Territorium aus und sind an der Wahrung einer hinreichenden Homogenität interessiert. Dies kann zu wechselseitiger Ablehnung und Krieg führen. Die Geschichte bietet genügend Anschauungsmaterial für solche Feindseligkeiten. Allein daraus folgt nicht, dass der Nationalstaat als ein überkommenes Relikt zu bekämpfen wäre. Die Auflösung der Nationalstaaten in einem europäischen Bundesstaat[11] würde zwar dem ursprünglichen Nationalismus viel von seiner Sprengkraft nehmen, zugleich aber könnte im Laufe der Zeit – dieser unwahrscheinliche Vorgang einmal unterstellt – eine

---

11 »Mein Ziel sind die Vereinigten Staaten von Europa – nach dem Muster der föderalen Staaten Schweiz, Deutschland oder USA.« (Ursula von der Leyen, »›Wollen wir heiraten?‹«. In: *Der Spiegel* vom 29. August 2011, S. 24.) Ursula von der Leyen ist in der deutschen Politik bei weitem nicht die einzige, die dieses Ziel verfolgt.

überdimensionierte europäische Nation entstehen.[12]
Allerdings ist nicht nachvollziehbar – und hier wird
man Konrad Paul Liessmann folgen –, weshalb ein
sich womöglich dann etablierender Nationalismus, ein
Nationalismus von ganz anderer Größenordnung, weniger gefährlich sein sollte als der alte, den zu überwinden
man angetreten ist.[13]

Kriegerische Auseinandersetzungen können auch
durch Kooperation vermieden werden. Nach wie vor ist
der Nationalstaat der wichtigste Lebenszusammenhang,
in dem Menschengruppen ihr gemeinsames Leben
organisieren. Ein adäquater Ersatz ist nicht in Sicht.[14]
Angesichts der Vielfalt und Eigenart von ethnischen
Gruppen, Religionen, Kulturen und Mentalitäten und
angesichts des anerkannten Rechts auf Selbstbehauptung
und Selbstbestimmung liegt die überschaubare Zukunft
der Menschheit in der Kooperation freier Völker und
Nationalstaaten.[15]

---

12 Sofern man über eine europäische Föderation nachdenkt, sollte man die –
heute überhaupt nicht absehbare – europäische Nation als Voraussetzung
betrachten. Der Innenminister Frankreichs Jean-Pierre Chevènement dürfte
völlig recht haben, wenn er sagt: »Nationen lassen sich nicht fusionieren
wie Unternehmen.« (Jean-Pierre Chevènement: »In den Nationen liegt die
Zukunft Europas«. In: *Frankfurter Allgemeine Zeitung* vom 15. Mai 1998, S. 14).

13 Vgl. Konrad Paul Liessmann: *Lob der Grenze. Kritik der politischen Unter-
scheidungskraft*. Wien 2012, S. 103.

14 Siehe dazu Karlheinz Weißmann: Globalisierung und Nation. In: Ders.: *Alles,
was recht(s) ist. Ideen, Köpfe und Perspektiven der politischen Rechten*. Graz/
Stuttgart 2000, S. 259–272, hier S. 268–271.

15 Vgl. Bernard Willms: *Identität und Widerstand. Rede aus dem deutschen Elend*.
Schnellroda 2013, S. 61 ff., 92.

3. Das deutsche Volk als Souverän

Die Gestaltung der aktuellen Flüchtlingskrise bedarf der verfassungsrechtlichen Orientierung: Träger der verfassungsgebenden Gewalt ist das Volk – und zwar, wie es in der Präambel des Grundgesetzes heißt, das »Deutsche Volk«. Die Bundesrepublik Deutschland beruht auf einem Akt der Selbstbestimmung des deutschen Volkes als politischer Schicksals- und Handlungsgemeinschaft. Das Volk geht dem demokratischen Verfassungsstaat voraus; er ist um des Volkes willen da. Das Volk, und nur das Volk, gilt als der wahre Verfassunggeber.[16]

Aber wer gehört zum Volk? Wen sollten wir dazu zählen? Gemeinsame Abstammung, Sprache und Kultur sind zwar keine notwendigen, aber doch typische Merkmale, die die Zugehörigkeit zu einem Volk konstituieren. Ein Zugewanderter, der die deutsche Sprache spricht und sich kulturell assimiliert hat, kann – auch ohne deutsche Vorfahren – genauso Deutscher werden wie einer ein Deutscher bleiben kann, der von deutschen Eltern abstammt, aber im Ausland aufgewachsen ist und weder Deutsch kann noch mit hiesigen Sitten und Bräuchen vertraut ist. Würde jedoch die Bevölkerung eines Landes nicht überwiegend von eigenen Nachkommen abgelöst, sondern von den Nachkommen der Bevölkerung eines anderen Landes, und würde diese fremde Nachfolge-Bevölkerung auch nicht die Sprache ihres Aufnahmelandes sprechen und dessen Kultur pflegen, existierte das Volk auch nicht fort; es hätte sich aufgelöst.

---

16 Vgl. Josef Isensee: *Das Volk als Grund der Verfassung. Mythos und Relevanz der Lehre von der verfassunggebenden Gewalt.* Opladen 1995, S. 21.

Zu beobachten ist allerdings Folgendes: Das deutsche Volk (und dasselbe dürfte für andere europäische Völker gelten) wird in Zukunft immer weniger Abstammungsgemeinschaft und immer mehr vornehmlich Kulturgemeinschaft sein – ohne dass Abstammung bereits bedeutungslos geworden wäre oder werden wird. Und als solchen Kulturgemeinschaften ist Völkern beziehungsweise Nationen ein noch langes Leben zu wünschen. Sie sind jene Gebilde, die bis heute am effektivsten wechselseitiges Vertrauen und Loyalität entstehen lassen und damit wesentliche Voraussetzungen für gegenseitige Zusammenarbeit schaffen. Es sind jene »Kollektivwesen«, die sich einer demokratischen Legitimation versichern können, die Bürgerbeteiligung am besten ermöglichen und auf die der Einzelne in Krisenzeiten bauen kann. Nur im nationalen Rahmen lässt sich bis heute ein Mehrheitswille gegen die Minderheit durchsetzen, ohne dass dieser Vorgang als eine Form der Fremdbestimmung betrachtet wird.[17]

Die Bundesrepublik Deutschland ist der souveräne und letztverbindlich handelnde Nationalstaat der Deutschen. Sein Zweck ist es, für die Deutschen Sicherheit, Wohlfahrt und soziale Gerechtigkeit nachhaltig zu gewährleisten. Diesem Staatszweck entsprechend sind die Verfassungsorgane verpflichtet, ihre Kraft dem Wohle des deutschen Volkes zu widmen, seinen Nutzen zu mehren und Schaden von ihm zu wenden (Art. 56

---

17 Vgl. dazu auch J.-P. Chevènement, »In den Nationen liegt die Zukunft Europas« (FN 12).

sowie Art. 64 Abs. 2 GG).[18] Dazu gehört insbesondere, alles Notwendige zu tun, was die Selbstbehauptung des Gemeinwesens als Deutsches Volk erfordert. Die Bundesrepublik ist der Staat der Deutschen: »Das Grundgesetz verfasst Deutschland nicht als Einwanderungsland.«[19] Die Wahrung und der Schutz der nationalen Identität sind eine fortwährende Aufgabe des deutschen Staates und seiner Verfassungsorgane. Daher hat, so jedenfalls die Auffassung Dietrich Murswieks, die Regierung kein Mandat, den Nationalstaat abzuschaffen und durch einen Vielvölkerstaat zu ersetzen. Ebenso unzulässig ist es, ethnische oder sprachliche Parallelgesellschaften ohne Not anzustreben oder auch nur in Kauf zu nehmen.[20]

Dieses verfassungsrechtliche Verständnis hat offenbar Konsequenzen für die Behandlung der Flüchtlingskrise. Aber auch dann, wenn man dieses Verständnis nicht teilt,[21] kann und wird man auf der Basis einer anderen Begründung zu demselben Ergebnis gelangen: Eine deutliche Mehrheit der angestammten Bevölkerung dürfte sowohl die Abschaffung des Nationalstaats und seine Ersetzung durch einen Vielvölkerstaat als auch das

18 Vgl. dazu etwa Peter M. Huber: »In der Sinnkrise«. In: *Frankfurter Allgemeine Zeitung* vom 1. Oktober 2015, S. 7.

19 K. A. Schachtschneider, *Die Souveränität Deutschlands* (FN 4), S. 39.

20 Vgl. Dietrich Murswiek: Nationalstaatlichkeit, Staatsvolk und Einwanderung. In: Otto Depenheuer/Christoph Grabenwarter (Hrsg.): *Der Staat in der Flüchtlingskrise. Zwischen gutem Willen und geltendem Recht*. Paderborn 2016, S. 123–139, hier S. 125 f.

21 Vgl. Klaus F. Gärditz: Die Ordnungsfunktionen der Staatsgrenze: Demokratizität, Liberalität und Territorialität im Kontext. In: O. Depenheuer/Ch. Grabenwarter (Hrsg.), *Der Staat in der Flüchtlingskrise* (FN 20), S. 105–122, hier S. 119.

Entstehen oder die Hinnahme des Entstehens von ethnischen oder sprachlichen Parallelgesellschaften strikt ablehnen. In einem demokratisch verfassten Gemeinwesen sollte dieser Wille als ein ausreichender Grund betrachtet werden, diese Ziele nicht zu verfolgen und auch die entsprechenden Entwicklungen nicht zuzulassen. Er berührt nicht nur die vitale Basis des Gemeinwesens, seine Selbsterhaltung in seiner geschichtlich und kulturell entstandenen Form, sondern ist darauf gerichtet, einen Import von Konfliktpotenzialen zu vermeiden und die Leistungsfähigkeit der Gesellschaft zu erhalten.

II.
MORALISCHE PFLICHTEN UND SELBSTBEHAUPTUNG

1. Die moralische Pflicht zu helfen

Ungeachtet unserer nationalen Interessen haben wir die moralische Pflicht, auch hilfsbedürftigen Menschen, die nicht unserem staatlichen Gemeinwesen angehören, zu helfen. Als hilfsbedürftig gilt dabei jeder, der seine physische Fortexistenz trotz gehöriger Anstrengung nicht aus eigener Arbeit oder mit eigenen Mitteln bestreiten kann. Diese Hilfe ist eine Hilfe zum Überleben.

Jeder Mensch und jede Gruppe von Menschen auf der Welt dürften hinreichende Gründe haben, eine solche Pflicht anzuerkennen. Wir alle leben gemeinsam auf einem endlichen Planeten. Der zur Verfügung stehende Lebensraum ist begrenzt und die Ressourcen sind knapp. Menschen, denen es – aus welchen Gründen auch immer – nicht möglich ist, ihr Leben durch eigene Anstrengungen zu reproduzieren, haben keinen Grund, die Ansprüche anderer Menschen auf exklusive Nutzung ihres angestammten Lebensraums sowie der Früchte ihrer Arbeit zu respektieren. Menschen, die um ihr nacktes Überleben kämpfen, werden keine Nutzungs- oder Eigentumsrechte und auch keine Staatsgrenzen beachten, wenn diese Beachtung den eigenen Tod bedeuten würde. Sie werden sich nehmen, was sie zum Überleben brauchen, und dort siedeln, wo sie ihr Leben sichern können.

Was es im Einzelnen heißt, sein Überleben nicht selbst sichern zu können und deshalb auf Hilfe angewiesen zu sein, bedürfte einer detaillierten Erörterung. Feststellen lässt sich aber Folgendes: Wer beispielsweise in der Türkei ein Boot besteigt, ist kein Flüchtling im Sinne der

Genfer Flüchtlingskonvention. Sein Überleben ist in diesem Land gewährleistet; eine politische Verfolgung kann nicht unterstellt werden, und seinen Landsleuten in den Krisengebieten dürfte es deutlich schlechter gehen.

Die Anerkennung dieser wechselseitigen Pflicht zur Hilfe in Notsituationen begründet einerseits einen Anspruch Hilfsbedürftiger auf notüberbrückende Hilfsmaßnahmen und andererseits deren Pflicht, begründete Ansprüche auf exklusive Nutzung von Lebensräumen, Naturressourcen und Arbeitsergebnissen zu akzeptieren und zu beachten. Auf ein Recht auf Hilfe kann sich nur berufen, wer Eigentumsrechte anerkennt. Schon daraus folgt, dass sowohl eine Pflicht zur Hilfe als auch ein Recht auf Hilfe nur als beschränkt zu denken sind. Ein unbeschränkter Anspruch auf fremden Besitz zerstörte nicht nur die Eigentumsordnung, sondern ließe auch jede Pflicht zur Hilfe ins Leere laufen.

Die moralische Pflicht, Menschen in Not zu helfen, stellt sich umso drängender, wenn man an der Notlage der anderen eine Mitschuld trägt. In einem solchen Falle hat man eine Wiedergutmachungspflicht. Es ist dies eine Form ausgleichender Gerechtigkeit, bei der es um die Herstellung oder Wiederherstellung eines Gleichgewichts geht. Liegt ein solche Fall vor, könnte man nicht nur zu notlindernden Maßnahmen verpflichtet, sondern gefordert sein, alles Mögliche zu tun, um die Notlage zu beseitigen oder ersatzweise die Einwanderung in unsere Gemeinschaft zu eröffnen.

Nur muss eine solch weitreichende moralische Verantwortlichkeit detailliert und nachvollziehbar aufgezeigt werden. Eine Aufzählung tatsächlicher oder

vermeintlicher »Verfehlungen« (Verbrechen des Ko-
lonialismus, willkürliche Grenzziehungen nach dem
Ersten Weltkrieg, Ausbeutung der Dritten Welt, Roh-
stoffinteressen internationaler Konzerne, militärische
Interventionen) würde jedenfalls nicht ausreichen,
um klare Verantwortungszuschreibungen und letztlich eine unbeschränkte Pflicht zur Aufnahme aller
Einwanderungswilligen begründen zu können. Generell
kann eine moralische Verantwortlichkeit nur dem
zugeschrieben werden, der für die Entstehung oder
Vermeidung des fraglichen Sachverhalts zuständig war.
Der Westen beispielsweise ist nicht für das enorme
Bevölkerungswachstum in Afrika zuständig. Letztlich
aber muss die Frage, inwieweit eine Gemeinschaft für
das von ihr in der Vergangenheit zu verantwortende
Unrecht schadensersatzpflichtig sein sollte, an dieser
Stelle offenbleiben.

In welcher Form notwendige Hilfe geleistet wird,
ist Sache des Hilfeleistenden. Bedingung ist allein die
Wirksamkeit der Hilfe. Zieht es der Helfer vor, Hilfe im
Herkunftsland des Hilfsbedürftigen zu organisieren, entfällt ein Einwanderungsrecht. Ist dies nicht möglich, müssen etwa Flüchtlinge zeitweilig beherbergt und versorgt
werden. Ist eine Rückkehr in das eigene Siedlungsgebiet
ausgeschlossen, besteht eine – im Normalfall geltende –
Prima-facie-Pflicht, die Niederlassung zu ermöglichen
oder auch »überschüssigen« Lebensraum dauerhaft ab-
zutreten.

Hilfspflichten haben Grenzen. Auch moralische
Forderungen müssen, um allgemein anerkannt und
befolgt werden zu können, bestimmten Kriterien ge-

nügen. Zunächst muss es Menschen prinzipiell *möglich* sein, sie überhaupt zu befolgen. Moralisch kann nichts Menschenunmögliches gefordert sein. Zum Beispiel könnte die »Traglast« eines Lebensraumes bereits ausgeschöpft sein. In einem solchen Falle bestünde keine Pflicht, auch noch Fremde aufzunehmen, denn dadurch geriete der Hilfeleistende in eine ähnliche Notsituation wie der Hilfsbedürftige. Darüber hinaus aber muss die Befolgung moralischer Gebote auch *zumutbar* sein. Zumutbarkeitsgrenzen sind enger gefasst. Eine Pflicht zu helfen dürfte schon dann als nicht mehr zumutbar gelten, wenn sie den Hilfeleistenden zwänge, sein Lebensmodell aufzugeben oder auf die Realisierung von Zielen zu verzichten, die in seiner Kultur als essenziell für ein gutes Leben erachtet werden. Welches Volk oder welcher Staat hätte auch jemals eine Hilfspflicht oberhalb dieser Grenze anerkannt? Eine Pflicht zu helfen dürfte auch dann nicht als zumutbar angesehen werden, wenn die Hilfe mit einem größeren Gesundheitsrisiko oder mit sinkender Lebenserwartung verbunden wäre. Welcher Mensch sähe es als seine moralische Pflicht an, einem Fremden eine seiner Nieren zu spenden, damit dieser überleben kann?

Die Anerkennung von Zumutbarkeitsgrenzen bedeutet eine Privilegierung der eigenen Interessen. Damit wird der humanitaristische Gesichtspunkt, dem zufolge Mensch gleich Mensch und Interesse gleich Interesse ist, nicht als der für unser Handeln allein ausschlaggebende anerkannt. Diese Ablehnung eines unbeschränkten moralischen Universalismus ist sowohl im zwischenmenschlichen Verhältnis von Angehörigen derselben Gruppe als auch im Verhältnis zu Angehörigen anderer Gruppen relevant.[22] Es ist ein Unterschied, ob es meine oder unsere Interessen sind, um deren Verwirklichung es geht, oder die eines Anderen oder die von Gruppenfremden.

Würde der moralische Universalismus hingegen transnational, letztlich global, gedacht, dann verlöre der Staat seine Bedeutung als Einheit der kollektiven Daseinsbewältigung. Denn was würde es bedeuten, Fragen der Einwanderung unter universalistischem Gesichtspunkt zu behandeln? Wenn alle Menschen mit ähnlicher Intensität an denselben Grundgütern interessiert sind und keine Rechtfertigungsgründe für eine Ungleichbehandlung existieren, zählen die Präferenzen aller gleich viel. Daraus folgte, dass wir jedem die Zuwanderung zu gewähren hätten, dessen Bedürfnisbefriedigungsniveau das der einheimischen Bevölkerung – bezogen auf dieselben anerkannten Bedürfnisse – unterschreitet. Eine »Willkommenskultur«, die sich selbst keinerlei Schranken auferlegte, stellte die eigene Selbstbehauptung und die Bestandssicherung des Eigenen zur Disposition. Zu Ende gedacht läuft sie auf die Bereitschaft hinaus, das Eigene – die eigene Identität, die eigene Kultur, die eigene Lebensform, die eigene Existenzsicherheit – notfalls aufzuopfern.

Aus alledem ergibt sich, dass auch das verfassungsmäßige Recht auf Asyl nicht schrankenlos gewährt werden kann – auch wenn der Gesetzestext selbst keine Grenze formuliert. Das deutsche Volk hat mit dem Artikel 16a des Grundgesetzes keine grenzenlose Hilfspflicht

---

22 Vgl. Lothar Fritze: Grenzen des Universalismus. Über die Legitimität einer Bevorzugung des Eigenen. In: TUMULT, Winter 2015/2016, S. 66–69.

anerkannt. Wie jedes Leistungsrecht steht auch das Asylrecht unter einem Schrankenvorbehalt. Die »immanente Schranke« des Asylgrundrechts ergibt sich durch die Kapazitätsgrenzen des deutschen Staates und seiner Bürger.[23] Man könnte auch sagen: Obergrenzen zieht das Leben selbst. Es sind Machbarkeits- und Zumutbarkeitsgrenzen, Grenzen des Könnens und der Tolerabilität. Sie können zwar kaum objektiviert, aber pragmatisch festgestellt werden. Je länger die Grenzen offen oder allzu durchlässig bleiben, desto schneller befindet man sich in einer Situation, in der jedes taugliche und erforderliche Mittel zur Verteidigung der Grenze auch als legitim erscheint.

Wer aber schließlich bereit wäre, die eigene Existenz aufs Spiel zu setzen, sollte bedenken, dass er damit auch seine Hilfeleistungsfähigkeit zerstörte. Er verhinderte damit, auch in Zukunft noch seinen Hilfspflichten nachkommen zu können. Und gerade dies wäre der schlimmste Akt der Verantwortungslosigkeit.

---

23 Vgl. Reinhard Merkel: »Das Leben der anderen – armselig und kurz«. In: *Frankfurter Allgemeine Zeitung* vom 22. September 2015, S. 9.

2. Das Recht auf Selbstbehauptung

Die Regierung eines demokratischen Staates hat nicht das Recht, durch ihre Politik Entwicklungen herbeizuführen, die die Vorzüge des Landes, aufgrund welcher es für die Bevölkerung, aber auch für Einwanderer und Flüchtlinge attraktiv ist, allmählich zerstören könnten. Das heißt nicht, dass ein reiches und wohlgeordnetes Land nicht sparen und teilen oder eine verträgliche Anzahl von Hilfsbedürftigen aufnehmen könnte. Eine Hilfeleistung jedoch, die die Identität des Landes verändert und seine Leistungsfähigkeit nachhaltig zu unterminieren droht, kann weder moralisch noch rechtlich geboten sein.

Zudem folgt aus dem moralischen Anspruch auf Hilfe zum Überleben kein Recht auf Niederlassungsfreiheit. Es ist daher moralisch vertretbar, dass nach Beseitigung der Notsituation die zeitweilig Aufgenommenen auch gegen ihren Willen in die Herkunftsländer zurückgeführt werden. Dies sollte selbst für Asylberechtigte gelten.[24] Insofern stellt sich die grundsätzliche Frage, ob das derzeitige Recht, das aufgenommenen Schutzsuchenden eine langfristige Bleibeperspektive in Aussicht stellt oder gar einen Anspruch auf Einbürgerung eröffnet, unter Bedingungen des Massenzustroms noch zeitgemäß ist.[25]

In diesem Zusammenhang entstehen – hier nicht zu erörternde – Fragen, inwieweit der deutsche Gesetz-

---

24 Vgl. Konrad Ott: *Zuwanderung und Moral*. Stuttgart 2016, S. 83 f.

25 Vgl. Uwe Volkmann: »Die Frage des Flüchtlings«. In: *Frankfurter Allgemeine Zeitung* vom 29. Februar 2016, S. 6, sowie Ferdinand Weber: »Ein neues Staatsvolk«. In: *Frankfurter Allgemeine Zeitung* vom 31. März 2016, S. 6.

geber verfassungsrechtlich oder auch durch internationales Recht gebunden ist. An dieser Stelle sei nur auf ein verfassungsrechtliches Bedenken eingegangen: Wie auch immer die sogenannte Ewigkeitsgarantie des Grundgesetzes auszulegen sein mag, ob sie nun Art. 16a GG (Asylrecht) miterfasst oder nicht, allein es für möglich zu halten, dass ein einmal in gesellschaftliche Geltung gesetzter Grundsatz uns daran hindern könnte, das zur Selbsterhaltung Notwendige zu tun, ist ein selbstzerstörerischer Gedanke. Man kann sich fragen, ob das Grundgesetz mit seiner Nichtabwägungsfähigkeit der Menschenwürde und seiner »Ewigkeitsklausel« des Art. 79 Abs. 3 nicht einen absolutistischen Zug in sich trägt – nämlich die revisionsresistente Absolutsetzung bestimmter Normen und Prinzipien. Letztlich entscheidend ist jedoch das Verständnis dieser Verfassungsnormen. Art. 79 Abs. 3 GG schützt bestimmte Grundsätze der Verfassung vor einer Änderung durch den Gesetzgeber, aber nicht durch den Souverän, das Deutsche Volk.[26] Das Grundgesetz mag als Antwort auf den Nationalsozialismus gedacht gewesen sein: Insoweit es aber der Selbstabschaffung des deutschen Volkes diente, wäre es durch den Souverän zu korrigieren, indem er sich eine neue Verfassung gibt. Wer sollte ein Volk daran hindern, dies zu tun?

In der gegenwärtigen Situation erfordert die Selbstbehauptung des Gemeinwesens vor allem einen Stopp der unkontrollierten Masseneinwanderung. Sollte sich diese fortsetzen, wäre die Wahrung der nationalen

---

[26] Im Übrigen unterliegt auch das Verständnis von Verfassungsnormen dem Wandel. Vor allem die Rechtsprechung kann zu Neuinterpretationen führen.

Identität in Frage gestellt.[27] Deren Fundament, die dauerhafte Zugehörigkeit zu einem Staatsvolk aufgrund gemeinsamer Abstammung, Sprache und Kultur, würde –
anders als im Falle der Aufnahme deutscher Flüchtlinge
nach dem Ende des Zweiten Weltkrieges und anders als
im Falle der Wiedervereinigung 1990 – durch massive
Einwanderung ausgehöhlt. Um die Existenzinteressen
der Deutschen sowie der in Deutschland lebenden
Ausländer zu sichern sowie zur Aufrechterhaltung der
Verfassungsordnung muss der Staat die Herrschaft
über sein Territorium ausüben und gegebenenfalls zu-
rückerlangen. Dies nötigt zur Kontrolle der Grenzen
und unter Umständen zur Abschottung. Jeder Staat hat
das Recht, Fremde an der Grenze zurückzuweisen und
seine Grenze zu sichern. Ein Völkerrecht, das internationale Freizügigkeit garantierte, gibt es nicht.[28] Ein
Menschenrecht auf freie Niederlassung kollidierte mit
dem Recht auf Selbstbehauptung.

Dabei ist der Staat in seinem Handeln beschränkt
durch völkerrechtliche Bestimmungen, durch internationale Verträge, durch die eigene Rechtsordnung sowie
durch moralische Hilfspflichten. Kein positives Recht
und keine moralische Forderung jedoch können zum
Verzicht auf Selbsterhaltung verpflichten. Das natürliche »Recht« auf Selbstbehauptung wird auch durch
die Anerkennung von Hilfspflichten nicht aufgegeben.
Die Selbstbehauptung einer staatlich organisierten

27 Vgl. Rupert Scholz: »Kein Asyl ohne Grenzen«. In: *Frankfurter Allgemeine
Zeitung* vom 14. Oktober 2015, S. 8.

28 Vgl. Eckart Klein: Rechtliche Klarstellungen zur Flüchtlingskrise. In:
O. Depenheuer/Ch. Grabenwarter (Hrsg.), *Der Staat in der Flüchtlingskrise*
(FN 20), S. 157–171, hier S. 159–162.

Gemeinschaft erfordert aber vor allem Herrschaft über das eigene Siedlungsgebiet und damit Kontrolle der eigenen Staatsgrenze. Wer als verantwortlicher Politiker die Auffassung vertritt, dass es in niemandes Macht liegt, wie viele zu uns kommen, und die Aufgabe der Politik lediglich darin besteht, »im Land die Prozesse zu ordnen« (so Angela Merkel in der ARD-Sendung »Anne Will« am 7. Oktober 2015), ist für sein Volk zu einer Gefahr geworden. Er hat nachgerade die Selbstaufgabe – und zwar widerrechtlich – zum Regierungsprogramm erhoben. Zu Recht ist in diesem Zusammenhang darauf hingewiesen worden, dass es an einer wirksamen Kontrolle der exekutiven durch die legislative Gewalt fehlt.[29]

Indem es der Kanzlerin mittlerweile auch darum geht, die Flüchtlings- und Einwandererzahlen zu reduzieren, hat sie die genannte und andere Aussagen korrigiert. Obwohl eine für jedermann vernehmbare Erklärung fehlt, eine »Elendsinvasion«[30] gegebenenfalls auch mit drastischen Mitteln zu stoppen, ist sie zumindest von Äußerungen, die das Öffnen der Grenze rechtfertigen sollten, abgerückt und hat Kurskorrekturen vorgenommen. Damit ist sie – jedenfalls faktisch – Forderungen nachgekommen, die von erheblichen Teilen des Volkes sowie beispielsweise auch von der AfD erhoben wurden. Dies kann allerdings aus taktischen Erwägungen nicht ausgesprochen und unter keinen Umständen zugegeben werden. Der dafür zu zahlende Preis besteht

---

29 Thorsten Hinz: *Weltflucht und Massenwahn. Deutschland in Zeiten der Völkerwanderung.* Berlin 2016, S. 22.

30 Peter Graf Kielmansegg: Die Elendsinvasion. Auf das Flüchtlingsdrama gibt es nur Fragmente von Antworten. In: Die Politische Meinung, 60 (2015) 5, S. 19–23.

darin, dass eine inhaltliche Auseinandersetzung mit den Kritikern der »Willkommenskultur« nicht möglich ist, weil jede Auseinandersetzung mit den Argumenten der sogenannten Rechtspopulisten zutage treten lassen würde, dass jeder, der die Einwanderung begrenzen und steuern möchte, im Grundsatz dieselbe, bestenfalls eine moderatere Form der inkriminierten Politik verfolgt. Deshalb bleibt im Umgang mit den »Rechtspopulisten« nur die Stigmatisierung. Die Positionen der AfD müssen als undiskutierbar erscheinen, damit man in der Diskussion sich nicht selbst entlarven muss. Diese Taktik des Ausgrenzens und Ausweichens hat zugleich den unschätzbaren Vorteil, die eigene Politik und die dazu eingesetzten Mittel nicht rechtfertigen zu müssen. Diese Mittel sollen schließlich das leisten, was ohnehin jeder, der den Selbstuntergang vermeiden möchte – im Geheimen wohl auch die meisten Vertreter der »Willkommenskultur« –, für unausweichlich hält: eine Reduzierung der Einwanderungszahlen. Man kann dieses Vorgehen, je nach Einstellung, als eine perfide oder als eine raffinierte Form des Machterhalts betrachten.

Trotzdem erscheint es als aussichtslos, die Politik der Regierung in der Flüchtlingskrise für durchgängig konsistent zu halten. So sind insbesondere auch die Versuche, die deutsche Politik aus einer hypothetisch unterstellten strategischen Vernunft zu verstehen, nicht überzeugend; sie leisten nicht das, was sie nach Meinung wohlwollender Interpreten[31] leisten sollen, nämlich das beobachtbare politische Handeln als eine zweckrationa-

---

31 Vgl. Herfried Münkler: »Weiß er, was er will?« In: *Die Zeit* vom 10. März 2016.

le Interessenverfolgung zu rekonstruieren. Es ist unplausibel, sich »Zeit kaufen«[32] zu wollen für die Lösung eines Problems, indem man Signale aussendet und Anreize schafft, die dieses Problem zum eigenen Nachteil massiv vergrößern und die Bereitschaft derer, die sich an einer in der Zwischenzeit gemeinsam zu erarbeitenden und umzusetzenden Lösung beteiligen sollen, senkt. Alle europäischen »Einigungen«, die bereits ins Land gelassenen und die noch ankommenden Flüchtlinge und Einwanderer auf die einzelnen Länder zu verteilen, werden nur durch Androhung von Sanktionen zustande kommen und damit zu Frustrationen bei den deutschen Nachbarn führen. Zugleich haben die vertraglichen Vereinbarungen mit der Türkei über die Rücknahme und Zurückhaltung von Flüchtlingen vor allem die Bundesrepublik in eine asymmetrische Abhängigkeit versetzt und ihre Erpressbarkeit erhöht.[33]

Die Insinuation, die Errichtung von »Mauern« zur Beschränkung der Immigration sei ein Rückfall in die Praxis der kommunistischen Diktaturen, ist Demagogie. Dort ging es um die Verhinderung von Emigration – und zwar zu dem Zweck, ein bereits sichtbar gescheitertes Sozialexperiment fortsetzen zu können, das sich, im Dienste des moralischen Universalismus stehend, genötigt sah, elementare Menschenrechte permanent zu verletzen. Ebenso falsch ist es, die angemahnte Kontrolle über die Immigration als einen Verrat der Idee der offe-

---

32 Herfried Münkler: »Wie ahnungslos kluge Leute doch sein können«. In: *Die Zeit* vom 11. Februar 2016.

33 Vgl. Anton Sterbling: *Zuwanderungsschock. Deutschland und Europa in Gefahr?* Hamburg 2016, S. 165 f.

nen Gesellschaft zu deuten. Eine offene, sich entwickelnde Gesellschaft zu sein heißt nicht, offene Grenzen haben zu müssen. Eher dürfte das Gegenteil der Fall sein: Eine offene Grenze verhindert eine sinnvolle, produktive Selbstveränderung.

Jedenfalls: Über die Auflösung des Nationalstaates und die Herbeiführung eines multikulturellen Vielvölkerstaates könnte nur der Souverän, das Volk selbst, entscheiden – und das wahrscheinlich auch nur durch eine verfassunggebende Volksentscheidung gemäß Art. 146 GG.[34]

---

34 Vgl. D. Murswiek, Nationalstaatlichkeit, Staatsvolk und Einwanderung (FN 20), S. 136.

III.
MASSENEINWANDERUNG UND KONTROLLVERLUST

1. Lob der Nüchternheit

Mit der Öffnung der Grenzen im August 2015 und der zum Teil unregistrierten Einwanderung großer Menschenmassen hat Deutschland die Kontrolle über sein Staatsgebiet partiell aufgegeben. Die deutsche »Willkommenskultur« in der Flüchtlingskrise, die diesen zeitweiligen Kontrollverlust bewusst in Kauf genommen hat, ist von romantischer Schwärmerei geprägt, von dem Glauben, man sei für das Glück aller Menschen zuständig und könnte auch allen helfen. Der ihr zugrundeliegende moralische Impuls führt zu einer unbegrenzten – hypermoralischen – Erweiterung unserer moralischen Pflichten.[35]

Die Behandlung der Flüchtlingsfrage erfordert jedoch Nüchternheit – das heißt die Bereitschaft und den Mut, den Dingen ins Auge zu sehen, das Machbare vom Nicht-Machbaren zu unterscheiden und die Grenzen des gesinnungsethischen Handelns zu erkennen. Ein Staat jedenfalls, der auf Gewalt und Waffengebrauch gegen Rechtsverletzer unter allen Umständen verzichtete, gäbe sich selbst auf. Die Selbstbehauptung des Staates kann mit der Verletzung menschlich verständlicher Interessen von Nicht-Staatsangehörigen verbunden sein. Die gleiche Menschenwürde jedes Menschen führt, wie schon gesehen, nicht zu gleichen Anspruchsrechten gegenüber dem deutschen Staat. Diesen Grundsatz können auch seine gewählten Repräsentanten nicht aushebeln. Die Regierenden sind vielmehr gefordert, die aus der

---

35 Vgl. Arnold Gehlen: *Moral und Hypermoral. Eine pluralistische Ethik.* 6., erweiterte Auflage, Frankfurt am Main 2004.

Wahrnehmung ihrer verfassungsmäßigen Pflichten re-
sultierenden Handlungsfolgen hinzunehmen. In der modernen Mediengesellschaft gehört dazu auch, Bilder zu
ertragen, die eigentlich keiner sehen will. Unanständig
ist es, die »Drecksarbeit« anderen zu überlassen, weil
man sich selbst die Hände nicht schmutzig machen will.[36]
Die Abweisung von Einwanderungswilligen ist mit
humanitären Härten verbunden. Großzügigkeit im kon-
kreten Einzelfall kann geboten sein, darf aber nicht zur
allgemeinen Praxis werden. Nüchternheit heißt, sich
klar vor Augen zu führen, was eine Abweisung von
Menschen, die für sich und ihre Familien ein besseres
Leben suchen, bedeutet: Es heißt, das sich unmittelbar
ereignende Einzelschicksal eines Fremden geringer zu
veranschlagen als die mutmaßlichen Spätfolgen für die
einheimischen Mitbürger, es heißt, den womöglich ein-
schneidenderen Folgen für die Fremden nicht denselben
Stellenwert beizumessen wie den weniger drastischen
Folgen für die Einheimischen.

Eine Verteidigung und Bevorzugung des Eigenen bedeutet eben gerade nicht, die Interessen der anderen so zu
berücksichtigen, als wären es die eigenen. Es ist eine Frage
der Ehrlichkeit, die möglichen Konsequenzen eines auf
Selbsterhaltung orientierten Verhaltens zur Kenntnis zu
nehmen. Einwanderungswillige aus Ländern mit hohem
Bevölkerungswachstum abzuweisen heißt, dass wir uns
trotz einer eigenen schrumpfenden Bevölkerung nicht

---

36 Vgl. dazu auch O. Depenheuer: Flüchtlingskrise als Ernstfall des men-
schenrechtlichen Universalismus. In: O. Depenheuer/Ch. Grabenwarter
(Hrsg.), *Der Staat in der Flüchtlingskrise* (FN 20), S. 18–39, hier S. 31, sowie
K. Ott, *Zuwanderung und Moral* (FN 24), S. 85.

in dem von ihnen gewünschten Maße am Abbau regionaler »Bevölkerungsüberschüsse« beteiligen. Gleichzeitig wissen wir, dass solche »Überschüsse«, die durch Auswanderung nicht abgebaut werden können, nicht selten in Bürgerkriege und Ausrottungsfeldzüge münden. Wenn wir also aus den guten Gründen, die wir haben, Einwanderung nach unseren eigenen Interessen steuern, dann müssen wir letztlich auch bereit sein, mögliche Folgen dieser Art in Kauf zu nehmen. (Im Interesse der Selbstbehauptung war der Westen immer bereit, auch Kollateralschäden zu verkraften. Um Hitler loszuwerden, hat man es auf einen Weltkrieg ankommen lassen. Und auch bei der Bekämpfung des sogenannten Islamischen Staates nimmt man, wie in vielen Kriegen zuvor, die Tötung unschuldiger Zivilisten hin.)

Es ist irrational, sich die Welt schöner zu reden, als sie ist. Dies ist es aber, was nahezu alle relevanten Medien in Deutschland in der gegenwärtigen Flüchtlingskrise tun. Wir kommen nicht umhin, die Tatsache zu reflektieren, dass sich Staaten auch heute noch – und zwar trotz Völkerrecht und trotz internationaler Verträge und Organisationen – in Ermangelung einer effektiven Sanktionsmacht de facto im Naturzustand befinden. Regelverletzungen der mächtigsten Akteure können nicht rechtsförmig sanktioniert werden. Drohungen, Embargos und andere Strafmaßnahmen sind Bestandteil des Kampfes um Selbstbehauptung und Interessendurchsetzung. Dies schließt nicht aus, dass sich die Staaten der Welt zu gemeinsamem Handeln verabreden oder internationale Gerichtshöfe Recht sprechen und die vertraglich verpflichteten Staaten sich deren Urteilssprüchen unterwerfen. Im Ernstfall jedoch würde sich zeigen, dass einzelne Staaten die Macht besitzen, sich dem Recht zu entziehen.

Es führt in die Selbstaufgabe, die Augen davor zu verschließen, dass Staaten ihren Vorteil suchen und deshalb strategisch denken. Einzelne Staaten und selbst einzelne Staatenverbünde können nicht ohne massive Selbstschädigung aus dem geopolitischen Kampf um Einfluss sowie Energie- und Rohstoffressourcen einseitig aussteigen – und zwar gleichgültig, welche Schuld sie sich aufgrund vergangenen Handelns selbst zuschreiben oder ihnen zugeschrieben wird. In einem Kampf um Selbstbehauptung stößt der Rivale in jede ihm aufgelassene Lücke.

Diese Feststellungen gewinnen an Gewicht unter den Bedingungen eines regional unterschiedlichen Bevölkerungswachstums. Während der Anteil der europäischstämmigen Bevölkerung im Weltmaßstab sinkt, wächst der asiatische und afrikanische Anteil. Dies führt zu Verschiebungen im Kräfteverhältnis zwischen Staaten und Regionen sowie zum Entstehen neuer Konflikte und kann nicht ohne Folgen für die Beantwortung der Frage bleiben, welche Immigration in welchem Umfang wünschbar oder tolerabel ist.

2. Wider den technokratischen Wahn

Was in der Geschichte der Menschheit gleichsam im Verborgenen geschah, weil es für Außenstehende unsichtbar blieb, kann heute, wenigstens zum Teil, nahezu in Echtzeit miterlebt werden: Hinrichtungen, Bombardements, Genozide. Das macht es so unerträglich, das Morden, das Verstümmeln und Vergewaltigen geschehen zu lassen. Und doch müssen wir auch dazu in der Lage sein. Denn was wären die Alternativen? Stets zu intervenieren, um in Rettungsabsicht Gewalt zu beenden – und damit womöglich eine Gewaltspirale in Gang zu setzen? Intensiver Entwicklungshilfe zu leisten – und damit womöglich der einheimischen Wirtschaft zu schaden und korrupte Eliten oder Warlords zu mästen? Die Einwanderung freizugeben, um den *Youth Bulge* in den Ländern Arabiens und Afrikas abzubauen – und damit Europa zu ruinieren?

Dies ist kein Aufruf zur Untätigkeit, sondern zur Klugheit. Intervenieren kann unter Umständen vernünftig sein; Entwicklungshilfe, klug gemacht, ist weiterhin notwendig. Politik muss sich aber auch mit der – durchaus erfahrungsgestützten – Möglichkeit auseinandersetzen, dass die Integration so vieler, zumal aus anderen Kulturkreisen einwandernder Menschen scheitern oder auch nur deshalb nicht gelingen könnte, weil jene sich zu integrieren oder zu assimilieren gar nicht bereit sind. Mit Letzterem ist durchaus zu rechnen – zumal es für einen Staatsbürger über die Pflicht hinaus, die Gesetze des Landes zu achten, keine Pflicht zur Integration gibt. Offene Gesellschaften schreiben nicht vor, was man zu denken und wie man zu leben hat.

Ein undifferenziertes »Wir schaffen das!« entbehrt selbst als Beschwörungsformel jeglicher Motivationskraft, weil das, was es zu schaffen gilt, eine dynamische Größe ist und seine Kontur und Dimension so lange unfassbar bleiben, wie man den Dingen ihren unvorhersehbaren Lauf lässt. Der Glaube an eine unbeschränkte Machbar- und Schaffbarkeit entstammt einem technokratischen Denken, das überall dort, wo Menschen mit ihren zum Teil nur schwer kalkulierbaren Gefühlsaufwallungen und Meinungsumschwüngen involviert sind, leicht Schiffbruch erleidet. In der aktuellen Politik jedoch scheint es kein Makel zu sein, selbst in existenziellen Fragen vornehmlich auf die Hoffnung zu setzen. Man stellt sich die vermeintlich beste Lösung eines Problems vor und glaubt fest daran, dass es genauso kommen wird. Falls Erfahrungen weniger optimistisch stimmen, hat man keinen Zweifel, an den ungünstigen Ergebnissen der Vergangenheit selbst schuld zu sein und in Zukunft alles besser machen zu können. Realistische Lageeinschätzungen sind verpönt, denn sie gelten als ein Beitrag zur Verhinderung des zu erreichenden Guten. In Wirklichkeit jedoch ist diese selbst auferlegte Heuchelei ein weiterer Beitrag zur Realitätsverweigerung und zum Aufschub der Problemlösung.

Aber selbst als »Technokrat«, der dem Wahn totaler Machbarkeit verfallen ist, sollte man sich um eine halbwegs präzise Beschreibung der Aufgabe bemühen, bevor man ihre Lösbarkeit verkündet. Dies gilt in besonderem Maße für die Idee, jetzt, wo sich die Flüchtlingsströme, die man durch eine unbedachte Politik noch zusätzlich angereizt hat, bereits nach Europa ergießen, die Flucht- und Wanderungsursachen bekämpfen zu wollen. Um aktuelle Fluchtursachen zu bekämpfen, bedürfte es eines geopolitischen Konzepts der Befriedung und Neuordnung des Nahen und Mittleren Ostens; aber ein solches Konzept gibt es nicht und kann es wahrschein- lich nicht geben. Wer die Gründe beseitigen will, aus de- nen Menschen ihre Heimat unter Inkaufnahme beträcht- licher Risiken und Kosten verlassen, müsste in der Lage sein, ethnische und religiöse Konflikte zu entschärfen, diverse Kriege mit vielen verfeindeten Akteuren und un- terschiedlichsten Interessen zu beenden, Terrorgruppen zu neutralisieren, konkurrierende Warlords zu entmach- ten, sich in Auflösung befindliche Staaten zu reorgani- sieren, technologisch und ökonomisch rückständige Gesellschaften zu modernisieren und korrupte Regime auf den Pfad der Tugend zu bringen. Darüber hinaus müsste er vor allem über die Fähigkeit verfügen, ein bereits erfolgtes Bevölkerungswachstum, das insbeson- dere zweit-, dritt- und viertgeborene Söhne in einen aussichtslosen Kampf um Positionen innerhalb ihrer Gesellschaften versetzt hat,[37] rückgängig zu machen. Denn die Kinder, die für das derzeitige und künftige Bevölkerungswachstum sorgen, sind bereits geboren – und Wachstumsprozesse verlaufen bei konstanter Wachstumsrate exponentiell. Maßnahmen zu ergreifen, die das Einsetzen des »demographischen Übergangs«, das heißt des Sinkens der Fertilitätsraten, beschleunigen,

---

37 Vgl. Gunnar Heinsohn: *Söhne und Weltmacht. Terror im Aufstieg und Fall der Nationen*. Zürich ³2006, bes. Kap. I.

ist zweifellos sinnvoll, sie lösen aber nicht die akuten Probleme der nächsten Jahrzehnte.

Wenn man fordert, dass wir uns um die Menschen der Dritten Welt kümmern sollen (eine Forderung, der in dieser unverbindlichen Allgemeinheit nicht zu widersprechen ist), ist es für die Abschätzung der Erfolgsaussichten hilfreich zu wissen, dass das Bruttoinlandprodukt ganz Afrikas noch nicht einmal dem von Frankreich entspricht. Wenn man »gewaltige Investitionen« fordert, »bis sich die Verhältnisse im Ausgangsraum so gebessert haben, dass Bleiben oder Rückkehr wieder sinnvoll erscheinen«,[38] ist es gut zu registrieren, dass Afrika im 21. Jahrhundert mit einem exorbitanten Bevölkerungswachstum zu rechnen hat.

Bereits die Vergegenwärtigung weniger Daten führt zur Ernüchterung: Die Bevölkerung Afrikas wird von heute 1,2 Milliarden bis zum Jahre 2050 – bei einer gleichzeitig steigenden Lebenserwartung – auf voraussichtlich 2,5 Milliarden und bis 2100 auf 4,4 Milliarden Menschen wachsen. In den Ländern des Nahen und Mittleren Ostens sieht die Lage nicht viel anders aus. In Afghanistan wird sich die Bevölkerung von 32,2 Millionen im Jahre 2015 auf 64,3 Millionen im Jahre 2050 verdoppeln; im Irak wird sie im selben Zeitraum von 37,1 Millionen voraussichtlich auf 76,5 Millionen ansteigen.[39] Die Annahme, man könnte die Menschen dieser Länder durch Appelle zum Bleiben

---

38 Klaus J. Bade: Von Unworten zu Untaten. Kulturängste, Populismus und politische Feindbilder in der deutschen Migrations- und Asyldiskussion zwischen »Gastarbeiterfrage« und »Flüchtlingskrise«. In: IMIS-Beiträge, Heft 48/2016, S. 35–171, hier S. 166 f.

39 Vgl. Stiftung Weltbevölkerung In: http://www.weltbevoelkerung.de/publikationen-downloads/infografiken.html.

bewegen, zeugt angesichts der Perspektivlosigkeit in den fraglichen Regionen von Naivität. Allein die demographische Entwicklung sorgt in vielen Ländern der Welt dafür, dass sich durch keinerlei Wirtschaftsförderung der Rückstand im Pro-Kopf-Einkommen im Vergleich zu den reichen Ländern spürbar verringern lässt.

In vielen Ländern des Nahen Ostens und Nordafrikas wächst die Bevölkerung im erwerbsfähigen Alter seit vielen Jahren schneller als die Zahl der Arbeitsplätze. Mit höheren Einschulungsraten und verbesserten Bildungswerten ist dort sogar das Risiko der politischen Instabilität gestiegen.[40] Schon heute können die instabileren Staaten die Versorgung ihrer Bürger kaum noch sicherstellen, sodass Verteilungskonflikte wahrscheinlicher werden. Es ist eine Mischung von Armut und Perspektivlosigkeit, Gewalt und Krieg, die die Flüchtlingszahlen anwachsen lassen könnte.[41]

Ein Fertilitätsrückgang ist zwar keine Garantie, aber doch eine notwendige Voraussetzung für eine positive wirtschaftliche und soziale Entwicklung. Untersuchungen zeigen, dass es bisher keinem Land mit einem hohen Geburtenüberschuss gelungen ist, sich dauerhaft zu entwickeln.[42] Gleichzeitig ist das massive Bevölkerungs-

---

40 Vgl. Ruth Müller/Stephan Sievert/Reiner Klingholz: *Krisenregion Mena. Wie demografische Veränderungen die Entwicklung im Nahen Osten und Nordafrika beeinflussen und was das für Europa bedeutet.* Herausgeber: Berlin-Institut für Bevölkerung und Entwicklung, 2016, S. 8, 16 f. (http://www.berlin-institut. org/fileadmin/user_upload/Krisenregion_Mena/Mena_online.pdf).

41 Vgl. ebd., S. 21.

42 Vgl. Lilli Sippel/Tanja Kiziak/Franziska Woellert/Reiner Klingholz: *Afrikas demografische Herausforderung. Wie eine junge Bevölkerung Entwicklung ermöglichen kann.* Herausgeber: Berlin-Institut für Bevölkerung und Entwicklung 2011, S. 38 (http://www.berlin-institut.org/fileadmin/user_upload/Afrika/Afrikas_demografische_Herausforderung.pdf).

wachstum in den Entwicklungsländern noch immer in der Politik ein Tabuthema.[43] Zudem wäre zu bedenken, dass keineswegs die Ärmsten und Bedürftigsten aus ihren Heimatländern fliehen. Auszuwandern muss man sich leisten können. Ein Anstieg der Pro-Kopf-Einkommen in den ärmsten Ländern könnte Wanderungsbewegungen sogar intensivieren.[44] Paradoxe Reaktionen dieser Art sind zwar vorübergehender Natur; ihren Verlauf zu prognostizieren ist jedoch schwer.

Die sogenannte Flüchtlingskrise ist genau genommen eine Wanderungskrise. Die wenigsten derer, die kommen, kämpfen um ihr Leben, die meisten um ein besseres Leben. Die Wanderungsursachen zu beseitigen dürfte aber ein Jahrhundertprojekt sein. Wer glaubt, die über Europa hereinbrechenden Wanderungsbewegungen ließen sich vermeiden, indem man Flucht- und Wanderungsursachen bekämpft, macht sich etwas vor. Er möchte den Gedanken, dass drastische Abwehrmaßnahmen notwendig werden könnten, vertreiben, um mit sich selbst im Reinen zu bleiben. Migrationsforscher Klaus J. Bade zum Beispiel beklagt die Untätigkeit der Politik bei der Bekämpfung der Fluchtursachen in den Ausgangsräumen, ja, er ist sogar der Meinung, die »Dimensionen« seien in den letzten anderthalb Jahrzehnten »noch grauenhafter« geworden,[45] ist aber weiterhin guter Dinge, dass die Politik die nötigen Kurskorrekturen vollziehen wird.

Die Flüchtlingskrise durch eine Bekämpfung der Fluchtursachen zu lösen bedeutete, die Welt in einen

---

43 Vgl. ebd., S. 14.

44 Vgl. »›Wohin mit den jungen Männern?‹. Ein Gespräch mit dem Sozialpädagogen Gunnar Heinsohn«. In: *Die Zeit* vom 5. November 2015.

45 K. J. Bade, Von Unworten zu Untaten (FN 38), S. 164.

Zustand zu bringen, in dem größere Menschenmassen keine Gründe zum Verlassen ihres Landes haben. Menschen haben jedoch die verschiedensten Gründe, das zu tun: politische, soziale, ökonomische, demographische oder ökologische. Diese Gründe können sich überlagern und vermischen. In den verschiedenen Ländern gibt es unterschiedliche Konstellationen von Migrationsgründen.[46] Den Eindruck zu erwecken, die Beseitigung dieser Gründe beziehungsweise eine Bekämpfung der Fluchtursachen ließe sich durch eine gehörige politische Anstrengung, gleichsam durch eine konzertierte Aktion der relevanten politischen Kräfte, bewerkstelligen, ist unredlich. Es wird nicht gelingen – und zwar erst recht nicht in einem der Aktualität der Probleme angemessenen Zeitrahmen. Trotzdem sind entsprechende Einlassungen allenthalben zu vernehmen. Sie zeugen eher von Hilflosigkeit, mitunter wohl auch von Selbstbetrug und haben objektiv die Funktion der Beschwichtigung; sie suggerieren einen human erträglichen Ausweg und dienen der Beruhigung des Wählers.

Eine neue radikale Linke dürfte in dieser Frage, nämlich was die Größe der Aufgabe anlangt, realistischer sein. Sie verortet die Ursachen im »globalen Kapitalismus«[47]. Eine durchschlagende Lösung der Flüchtlingskrise erfordert dieser Analyse zufolge, »die Basis der Gesellschaft weltweit so umzugestalten, dass keine verzweifelten Flüchtlinge mehr auf diesen Weg

---

46 Vgl. Steven Vertovec: Deutschlands zweite Wende? In: MaxPlanckForschung, Heft 3/2015, S. 10–15, hier S. 11.

47 Alain Badiou: *Wider den globalen Kapitalismus. Für ein neues Denken in der Politik nach den Morden von Paris.* Berlin 2016.

gezwungen werden«[48]. Deshalb lehnen ihre Vertreter eine »Zurschaustellung altruistischer Tugenden« als zielverhindernd ab und sehen stattdessen die Aufgabe darin, den Klassenkampf weltweit zu reaktivieren, um dem »angelsächsischen Neoliberalismus« und dem »autoritären Kapitalismus mit ›asiatischen Werten‹« den Kampf anzusagen.[49] Denn die »wahre Bedrohung für unsere westliche Lebensweise«, so glauben sie, »sind nicht die Immigranten, sondern es ist die Dynamik des globalen Kapitalismus«,[50] und die gelte es zu brechen. Auch wenn diese Denker in der Flüchtlingskrise primär eine Gelegenheit sehen, ein – der kommunistischen Ideenwelt angehörendes – Gesellschaftsprojekt wiederzubeleben, scheinen sie doch eine genauere Vorstellung von der Dimension dieser Krise zu haben als viele der sich gegenwärtig an der Macht befindenden Politiker des Westens. Zugleich sind Protagonisten dieser radikalen Linken ideologische Stichwortgeber und Einpeitscher der »Willkommenskultur«.

Natürlich soll man versuchen, Flucht- und Wanderungsursachen zu beseitigen, und natürlich soll man das gut organisierte Schlepperwesen bekämpfen. Jede Reduzierung nicht erwünschter Migrationsströme ist schließlich hilfreich. Die Verhältnisse im westlichen Asien und in Afrika zu ändern, etwa diktatorische oder korrupte Regierungen zu entmachten, kann jedoch keine Aufgabe Europas oder Deutschlands sein. Der Wille

---

[48] Slavoj Žižek: *Der neue Klassenkampf. Die wahren Gründe für Flucht und Terror.* Berlin ⁴2016, S. 12, 82.

[49] Ebd., S. 11–13.

[50] Ebd., S. 17.

zur Lösung der Probleme muss vor Ort entstehen. Das Ausland kann und sollte Unterstützung gewähren; die institutionellen Voraussetzungen für eine erfolgreiche Entwicklung müssen aber in den Ländern selbst geschaffen werden.[51]

Wer Einwanderung drosseln möchte, sollte zuallererst die Anreize überdenken, die der Sozialstaat des Einwanderungslandes bietet. Für Abermillionen auf der Welt ist es lukrativ, mit ihren Kindern nach Deutschland zu kommen und dort weitere Kinder zu zeugen. Allein die staatlichen Kindergeldzahlungen stellen für viele Einwanderer einen nicht zu unterschätzenden Anreiz dar, ihr aus dem Herkunftsland mitgebrachtes Reproduktionsverhalten beizubehalten. Wahrscheinlich aber wären der Regierung – nach den Entscheidungen des Bundesverfassungsgerichts – die Hände gebunden, wenn sie, um die Anreize für Einwanderung abzuschwächen, die Sozialleistungen für Immigranten unter die für Einheimische abzusenken gedächte.[52] Insofern wird man feststellen müssen: Die einzig durchschlagende Lösung für das Problem, die Wanderungsströme einzudämmen, ist die Flutung Europas, denn damit würde der Hauptanreiz einer Wanderung nach Europa, der hiesige Wohlstand, binnen Kurzem beseitigt. Dadurch allerdings hätte man keine einzige der Wanderungsursachen in den Herkunftsländern wirklich bekämpft. Nicht einmal der »Bevölkerungsdruck« ließe sich auf diese Weise

51 Vgl. dazu auch Thilo Sarrazin: *Wunschdenken. Europa, Bildung, Einwanderung – warum Politik so häufig scheitert.* München 2016, S. 354 ff.

52 Vgl. Josef Isensee, Menschenwürde: Rettungsinsel in der Flüchtlingsflut? In: O. Depenheuer/Ch. Grabenwarter (Hrsg.), *Der Staat in der Flüchtlingskrise* (FN 20), S. 231–249, hier S. 237.

wirksam abbauen, da die Verhältnisse in Europa lange vorher gekippt wären.

Politiker, die das Überschwappen der Flüchtlingskrise auf Europa sehenden Auges zugelassen und verschärft haben, tragen für dieses Handeln und Unterlassen die Verantwortung. Sie müssen vor allem die Möglichkeit bedenken, dass die nunmehr ergriffenen Maßnahmen zur Eindämmung der Flüchtlingsströme sowie zur Beherrschung der Krise scheitern könnten. Dies gilt sowohl für die beabsichtigte Bekämpfung der Fluchtursachen als auch die anstehende Integration.

Volksbeschwichtigungen hingegen und die rhetorische Verkleisterung der wahren Problemlagen, um »Unruhe« im Volk nicht aufkommen zu lassen, sind fehl am Platze. Wahrscheinlich sind die Sorgen, ein offenes Ansprechen von Problemen könnte in kontraproduktiver Weise Ängste schüren, zum Teil sogar echt. Trotzdem beruhen sie auf einer irrigen Annahme. Die Ängste sind in der Bevölkerung längst verbreitet, und gerade ihr Nichtaussprechen führt zu Frustrationen. Man glaubt, das Volk vor falschen Schlussfolgerungen schützen zu müssen, ist aber selbst einer falschen Schlussfolgerung aufgesessen. Man kennt diese Art von Irrtum nur allzu gut aus dem einst real gewesenen Sozialismus: Offene Problemdiskussionen sind zu unterlassen, so dachte die Parteielite, da sie nur die eigene Verwundbarkeit zeigen; sie lassen Menschen auf falsche Ideen kommen, spielen gegnerischen Kräften in die Hände und nützen letztlich nur dem Klassenfeind. Der kapitalistische Klassenfeind aber hat die Systemauseinandersetzung überlebt, und der reale Sozialismus ist (zumindest auch) infolge seiner

Unfähigkeit, die eigene Lage zu erkennen und die eigenen Probleme zu lösen, kollabiert.

Heute hingegen scheint für die tonangebenden Eliten der Klassenfeind das eigene Volk zu sein. Das Volk nicht in Aufruhr zu versetzen, »rechtem« Gedankengut keine Nahrung zu geben – dies ist die Hauptsorge. Sie rechtfertigt es sogar, all jene moralisch zu diffamieren, die ihrem Unwohlsein angesichts der Veränderungen in ihrem Land Ausdruck geben und darauf hinweisen, dass sich Dinge zu verändern beginnen – Dinge, die ihnen wichtig sind, weil sie Geborgenheit und Sicherheit bedeuten. Diese Strategie, so ist zu befürchten, könnte genau jene Folgen zeitigen, die sie zu vermeiden sucht.

3. Bedingungen gedeihlichen Zusammenlebens

Für die Beantwortung der Frage, wie viele und welche Einwanderer eine Gesellschaft aufnehmen sollte, kommen verschiedenste Gesichtspunkte in Betracht. Wenn man Einwanderung überhaupt anstrebt oder zulässt – und dies sind Fragen, die im Detail zu diskutieren wären –, sollten jedoch Menschen bevorzugt einwandern, die zum jeweiligen Gemeinwesen passen.[53] Was dies genau bedeutet, mag auch eine Frage sozialwissenschaftlicher Forschung sein, wobei die gesuchte Antwort nicht unabhängig ist von der Bestimmung der Funktion des Staates sowie der im Land herrschenden Lebensform. Am besten jedoch werden es die Menschen des Aufnahmelandes selbst wissen.

Menschen, die zu einem passen, sind zum einen Menschen, die die moralischen und rechtlichen Normen der Einwanderungsgesellschaft *freiwillig*, also nicht nur unter der Drohung von Sanktionen, befolgen. Eine freiwillige Befolgung der gesellschaftlich geltenden Normen beruht auf einem normativen Konsens. Ein solcher Konsens besteht dann, wenn die Mitglieder einer Gesellschaft den gesellschaftlich anerkannten Normen innerlich zustimmen. Einer Norm stimmt man innerlich zu, wenn man nicht nur will, dass alle anderen sie befolgen, sondern man die ernsthafte Absicht hat, sie aus Gründen der Fairness ebenfalls zu befolgen.

---

53 Vgl. Robert Spaemann; siehe »›Wir können nicht grenzenlos helfen‹ – Interview mit Philosoph Robert Spaemann«. In: *Kölner Stadt-Anzeiger* vom 12. Dezember 2015.

Normen können selbstverständlich auch dann befolgt werden, wenn man ihnen nicht innerlich zustimmt. Dann aber befolgt man sie, weil man die Sanktionen fürchtet, die für den Fall ihrer Nichtbefolgung angedroht sind. Eine solche Befolgung ist in einem bestimmten Sinne erzwungen.

Für ein gedeihliches Zusammenleben in der Einwanderungsgesellschaft ist es sicher von Vorteil, wenn die Zugewanderten den geltenden Normen innerlich zustimmen – wenn sie sich einfügen können, ohne sich aufgrund widersprechender religiöser Verpflichtungen oder ihrer kulturellen Gewohnheiten verbiegen zu müssen. Auch in dieser Hinsicht stellt sich also die Frage, inwieweit eine ethnische und kulturelle Homogenität der Bevölkerung eine notwendige Bedingung eines liberalen und demokratischen Rechtsstaats ist, weil sie dafür sorgt, dass sich die Gesellschaft über ein System ungeschriebener Regeln und Gepflogenheiten weitgehend selbst reguliert und damit die Notwendigkeit der staatlichen Steuerung unter Rückgriff auf Repressionen auf ein Minimum reduziert.[54]

Bei der Einwanderung zu bevorzugen sind offenbar Menschen mit einer möglichst geringen kulturellen Distanz. Es erscheint daher sinnvoll, die Auswahl der Einwandernden – sofern man Einwanderung überhaupt wünscht – nach Kriterien kultureller oder auch ethnischer Verwandtschaft oder religiöser Zugehörigkeit zu steuern. Eine solche Auswahl ist weder mit einer Selbsterhebung der eigenen Gruppe oder der eigenen

54 Vgl. Manfred Kleine-Hartlage: *Warum ich kein Linker mehr bin.* Schnellroda 2012, S. 47.

Art noch mit einer Erniedrigung der anderen verbunden. Eine solche Auswahl stellt auch nicht die gleiche Würde aller Menschen und die gleiche Respektierung aller Menschen als Menschen in Frage. Wenn Israel vor allem Juden einwandern lässt, ist dies weder ein Fall von religiöser noch von rassischer Diskriminierung.

IV.
KONFLIKTE, ÄNGSTE,
REAKTIONEN

1. Kulturfremde Einwanderung

Vermutlich gilt der Grundsatz: Je geringer die kulturelle Distanz zwischen Herkunfts- und Aufnahmegesellschaft, umso leichter fällt die Integration. Unter diesem Gesichtspunkt kann das massive Einsickern fremder Kulturen und Religionen nach Deutschland und Europa nur alarmierend wirken. Zum einen dürften die optimistischen Erwartungen, wonach Religion zunehmend zur Privatsache wird und sich auch muslimische Immigranten mehr oder weniger problemlos integrieren lassen, längst enttäuscht worden sein. Zum anderen breitet sich ein islamischer Fundamentalismus aus, der nicht nur nicht bereit ist, sich in einen »dekadenten« Westen zu integrieren, sondern diesen zu vernichten und durch eine islamische Gesellschaft zu ersetzen sucht.

Angesichts dieser Situation stellt sich die Frage nach der Integrierbarkeit des Islam: Ist diese Religion, die mit der Forderung auftritt, die Regeln des privaten, gesellschaftlichen und politischen Lebens zu bestimmen, in die säkularen und demokratischen Verfassungsstaaten des Westens überhaupt integrierbar, wenn eine Integration die Anerkennung des politischen Primats der weltlichen Macht zur Voraussetzung hat? Ist der Islam, der, jedenfalls in seinen Hauptströmungen, die Trennung von Staat und Religion nicht anerkennt, überhaupt demokratiefähig?[55] Statt individueller Autonomie und demokratischer Selbstregierung herrschen göttliche

---

55 Siehe dazu Ernst-Wolfgang Böckenförde: *Der säkularisierte Staat. Sein Charakter, seine Rechtfertigung und seine Probleme im 21. Jahrhundert.* München 2007, S. 37 ff.

Prinzipien – ausgelegt von religiösen Schriftdeutern. Ein Islam dieser Form ist demokratieunverträglich.[56] Dies auszusprechen ist die Pflicht der Politik. Und deshalb bleibt die Frage: Wenn der Islam zu Deutschland gehört – gehört dann auch die Scharia zu Deutschland? Ist dann auch sie eine für das Leben in Deutschland maßstabsetzende Kraft?

Die islamische Scharia gibt Muslimen strenge Anweisungen für ihren Umgang mit der »Welt der Ungläubigen«. Ungläubig sind für Muslime alle außer Juden und Christen – diese gelten als Nichtgläubige. Mit Ungläubigen aber, und zumindest in Deutschland befindet man sich in einer weitgehend säkularisierten Welt, darf man Frieden nur temporär schließen – nämlich solange die Muslime schwach sind.[57] Dieser Anweisung folgt eine Grundsatzerklärung des Zentralrats der Muslime in Deutschland aus dem Jahr 2001. Ihr zufolge verpflichtet das islamische Recht »Muslime *in der Diaspora*, sich grundsätzlich an die lokale Rechtsordnung zu halten«.[58] Werden die Muslime die Rechtsordnung des säkularen Staates aber auch dann noch anerkennen, wenn sie nicht mehr einer konfessionellen Minderheit angehören, sondern von einer Minderheit der Gesellschaft zur Mehrheit geworden sind?

56 Vgl. Wolfgang Merkel: Wenn Religion und Gesetz verschmelzen. Huntingtons These ist empirisch wie normativ evident. In: WZB-Mitteilungen, Heft 147/2015, S. 31–32, hier S. 32.

57 Vgl. Bassam Tibi: *Im Schatten Allahs. Der Islam und die Menschenrechte.* München ²1999, S. 78.

58 Zentralrat der Muslime in Deutschland: *Islamische Charta.* In: http://www. zentralrat.de/3035.php (Hervorhebung – L. F.). (Der Zentralrat der Muslime kann freilich nicht annähernd für alle Muslime in Deutschland sprechen.)

Bereits auf Basis der demographischen Daten von 2004 konnte man prognostizieren, dass die Bevölkerung Europas spätestens Ende des 21. Jahrhunderts muslimische Mehrheiten haben wird.[59] Wer nicht wünscht, dass Europa ein Teil Arabiens und Afrikas wird, wie dies Bernard Lewis, einer der bedeutendsten Orientalisten und Kenner der Geschichte des Nahen Ostens, voraussagte, hat allen Grund, sich Sorgen zu machen – und zwar ganz unabhängig davon, wie groß der Anteil von Ausländern oder von Muslimen in seiner Stadt aktuell ist. Auch muss ein Zustand nicht erst eingetreten sein, um wissen zu können, dass man ihn vermeiden möchte. Die gegenwärtige Massenimmigration, darunter wohl mehrheitlich Muslime, wird den Trend des Einsickerns des Islam nach Europa noch verstärken. In aller Schärfe stellt sich die Frage, ob die islamische Gemeinschaft die verfassungsrechtlich gebotene Trennung von Staat und Religion anerkennt und damit die Voraussetzung erfüllt, vom demokratischen Staat akzeptiert werden zu können.[60]

Freilich: Es ist nicht undenkbar, dass auch der Islam von einer Reformbewegung erfasst wird und eine Phase der Aufklärung und Liberalisierung erlebt, in der er sich mit den Ansprüchen der Vernunft auseinandersetzt. Doch hier sprechen wir von Prozessen, die sich im Falle des Christentums über Jahrhunderte erstreckten und kei-

---

59 Vgl. »›Europa wird am Ende des Jahrhunderts islamisch sein.‹ Interview mit Bernard Lewis«. In: *Die Welt* vom 28. Juli 2004, S. 6. – Vgl. auch Thilo Sarrazin: *Deutschland schafft sich ab. Wie wir unser Land aufs Spiel setzen.* München ³2010 S. 316–320.

60 Vgl. Karl Albrecht Schachtschneider: *Grenzen der Religionsfreiheit am Beispiel des Islam.* Berlin 2010, S. 78.

neswegs abgeschlossen sind, sondern vielmehr, wie gerade in der Gegenwart zu beobachten, von Phasen einer Re-Fundamentalisierung begleitet werden. Welchen Grund hätten die europäischen Aufnahmegesellschaften, alle Hoffnungen hinsichtlich einer Integrierbarkeit des Islam auf dessen schnelle »Reformierung« zu setzen? Eine nachholende Reformierung dieser Art setzte zum einen eine Revision zentraler religiöser Dogmen voraus.[61] Zum anderen müssten wesentliche Ideenkomplexe aufgegeben werden, zu denen insbesondere die Zurückweisung der rationalen und individualistischen Weltsicht des Westens gehört.[62] Es müssten diejenigen einflussreichen Deuter des Islam zurückgedrängt werden, die orthodoxe, einseitige, intolerante Versionen des Islam predigen. Gerade diese fundamentalistischen Strömungen sind aber seit den 1970er Jahren auf dem Vormarsch. Die Frage unter Berücksichtigung dieser Tatsachen zu durchdenken heißt, die Irrationalität einer Politik anzusprechen, die auf genau dieser Hoffnung beruht.

Muslime leben in Deutschland, viele Muslime sind Deutsche, und selbstverständlich kann jeder einzelne von ihnen ein verfassungstreuer Bürger sein. Das heißt aber nicht, dass ein Islam, der weder durch Aufklärung noch durch die Anerkennung der Selbstregierung der Bürger im säkularen Staat gezähmt ist, eine prägende Rolle in Deutschland spielen könnte. Auch wenn anders lautende Bekundungen zu vernehmen sind: Nüchtern betrachtet spricht nichts dafür, dass der Islam in über-

---

61 Vgl. B. Tibi, *Im Schatten Allahs* (FN 57), S. 79.
62 Vgl. ebd., S. 147.

schaubaren Zeiträumen eine für sein Selbstverständnis zentrale Position aufgeben und sich auch außerhalb einer Diaspora-Situation dem positiven Recht des säkularen Staates unterwerfen wird. Auch unter der Herrschaft der Scharia mögen realpolitische Anpassungen möglich sein, letztlich aber gilt, dass die Scharia als geoffenbarte göttliche Pflichtenlehre keinem Wandel unterliegt.[63] Während die Trennung von Religion und Politik einen Anknüpfungspunkt im Christentum selbst sowie in der christlichen Theologie hat (nämlich in Gestalt der Unterscheidung zwischen geistlicher und weltlicher Existenz in der Zwei-Reiche-Lehre Martin Luthers), hat der prominente islamische Scheich Mohammed al-Ghazali während eines Auftritts vor dem höchsten ägyptischen Gericht für Staatssicherheit unter Bezugnahme auf die Scharia die straffreie Tötung eines jeden Muslims gerechtfertigt,[64] der öffentlich für die Trennung von Religion und Politik eintritt.

Sollten sich die daraus ergebenden Befürchtungen bestätigen, geriete der säkulare Staat mit dem sukzessiven Anwachsen der muslimischen Minderheit zunehmend in eine Selbstverteidigungssituation und hätte, so Ernst-Wolfgang Böckenförde, »dafür Sorge zu tragen, daß diese Religion beziehungsweise ihre Anhänger in einer Minderheitsposition verbleiben, mithin der Diasporavorbehalt weiter Bedeutung hat«.[65] Wenn es bei Böckenförde weiter heißt, dass eine solche Entwicklung »entsprechende politische Gestaltungen im Bereich von

63 Vgl. ebd., S. 78.
64 Vgl. ebd., S. 175 ff.
65 E.-W. Böckenförde, Der säkularisierte Staat (FN 55), S. 39.

Freizügigkeit, Migration und Einbürgerung notwendig machen« würde,[66] ist dies zwar konsequent gedacht, darauf zu bauen, dass sich Politiker finden, die diesen Empfehlungen folgen, scheint jedoch vergeblich zu sein. Die Abwehrkräfte, die diese ungewünschte Entwicklung aufhalten könnten, werden bereits mehr und mehr aufgebraucht. Man wird sie in einem pragmatischen Sinne dann als erschöpft betrachten können, wenn sie nicht mehr ausreichend mobilisierbar sind, um diese Entwicklung aufzuhalten. Dieser Punkt wird dann erreicht sein, wenn man nicht mehr weiß, ob man sie überhaupt aufhalten darf oder warum man sie aufhalten sollte. Ein solcher Erschöpfungszustand wird eintreten, lange bevor die zur Übernahme bereitstehende Macht zahlenmäßig die Oberhand gewonnen hat.

Wenn jeder Muslim, der öffentlich die Trennung von Staat und Religion fordert, straffrei getötet werden darf, und wenn Apostaten, vom Glauben Abgefallene, von Muslimen getötet werden müssen, sofern es der Staat nicht selbst tut, wie al-Ghazali während besagter Gerichtsverhandlung forderte,[67] so ergeben sich in Bezug auf die Millionen in Westeuropa lebenden Muslime eine Reihe von Fragen. Der aus Syrien stammende Islamkenner und laizistisch orientierte Muslim Bassam Tibi hat sie schon vor zwei Jahrzehnten formuliert: »Sind diese Muslime verpflichtet, nach der *Scharia* zu leben? Und: Müssen nicht-muslimische Europäer dies aus ›Toleranz‹ hinnehmen? Sind

---

66 Ebd.

67 Vgl. B. Tibi, *Im Schatten Allahs* (FN 57), S. 177..

Muslime, die sich als säkulare Verfassungspatrioten zum Grundgesetz, also nicht zur *Scharia* bekennen, Apostaten? Wird dann die Lynchjustiz islamischer Fundamentalisten als ›Sitte einer anderen Kultur‹ die politische Kultur der islamischen Gemeinde in Europa bestimmen?«[68]

In der Tat: Europa muss sich entscheiden. Denn für die islamischen Fundamentalisten ist die Sache klar: Sie möchten zwar die wissenschaftlich-technischen Leistungen des Westens aufnehmen, lehnen aber die Moderne als kulturelles Produkt und als eine Lebensform ab. Zugleich möchten sie die gesamte Welt islamisieren – denn nur dann kann nach ihrer Auffassung Weltfrieden erreicht werden.[69] – Was eigentlich hat sich Christian Wulff gedacht, als er sagte, der Islam gehöre zu Deutschland?

[68] Ebd.
[69] Vgl. ebd., S. 79, 81 f.

2. Kosten ethnischer und kultureller Inhomogenität

Generell wird man die Frage, wer zu einem passt, auch unter dem Gesichtspunkt der Konfliktvermeidung diskutieren; man wird darauf achten, möglichst keinen sozialen Sprengstoff zu »importieren«, und man wird auch nicht am Entstehen von Parallelgesellschaften interessiert sein. Das gesellschaftliche Zusammenleben hängt auch von gegenseitigem Respekt und gegenseitiger Rücksichtnahme ab. Konfliktträchtige Verhaltensweisen verursachen in einem weiteren Sinne Kosten. Diese Kosten sinken, je ähnlicher die Menschen und ihre Art, sich zu verhalten und zu leben, sind. Gleichzeitig steigt mit dem Gefühl der Zusammengehörigkeit die Bereitschaft, anfallende soziale Kosten zu tragen. Selbstverständlich: Einwanderung kann helfen, Probleme innerhalb eines Landes zu lösen, endogene Defizite zu beseitigen. Dies gilt freilich nur für eine moderate, dosierte und gelenkte Einwanderung. Diese wiederum erfordert eine strenge Auswahl, wie sie in klassischen Einwanderungsländern praktiziert wird.

Ganz allgemein ist festzuhalten: Parallelgesellschaften, das Auseinanderdriften sozialer Milieus, die Verwässerung der ethnischen und kulturellen Homogenität untergraben die Bedingungen, die es lukrativ und akzeptabel machen, zu kooperieren und zu teilen. Trotzdem mögen eine mäßige Einwanderung und eine wachsende ethnische und kulturelle Vielfalt einer Gesellschaft von Nutzen sein. Ab einem kritischen Punkt jedoch wird der zusätzliche Nutzen, der aus einem weiteren Wachsen der Vielfalt entsteht, sinken. Dies wird der Fall sein, lange bevor man von einer ›Massenimmigration‹ wird reden wollen. Während der Grenznutzen, den eine Gesellschaft aus einer erhöhten Vielfalt zu ziehen vermag, sinkt, werden die Kosten, die aus einer wachsenden ethnischen und kulturellen Vielfalt resultieren, überproportional steigen.[70] Die Kosten wachsender Diversität, die der Einzelne – etwa in Gestalt der geforderten Toleranz gegenüber ungewöhnlichen Verhaltensweisen und Lebensstilen oder der Rücksichtnahme gegenüber Fremdstämmigen – zu tragen hat, werden, sobald kritische Grenzen überschritten sind, den bei wachsender Diversität ohnehin sinkenden Nutzen »auffressen«, sodass der Gesamtnutzen der Einwanderung negativ wird. Damit aber sinken der Nutzen, der aus gesellschaftlicher Kooperation entspringt, sowie die Bereitschaft, an ihr teilzunehmen – sich etwa in staatliche Zwangssicherungssysteme, von denen die verschiedenen Bevölkerungsgruppen in unterschiedlichem Maße profitieren, einbinden zu lassen.

Zugleich steigen mit wachsender Fragmentierung der Gesellschaft die inneren Spannungen und Konflikte und damit die Kontroll- und Repressionskosten des Staates. Ein Anwachsen bestimmter Kriminalitätsarten kollidiert mit den Sicherheitserwartungen der Bevölkerung, denen zu genügen der Staatsapparat ausgebaut werden muss. Höhere Kosten für die Aufrechterhaltung der staatlichen Ordnung bedeuten weniger gesellschaftliche Investitionen in die Infrastruktur, in die Bildung, in Forschung und Entwicklung.

70 Vgl. P. Collier, *Exodus* (FN 7), S. 69.

Heterogenität im Innern muss ausgehalten werden können; sie muss lebbar sein. Das Funktionieren demokratischer Institutionen bedarf der Verständigung; sprachliche Verständigung muss also möglich sein. Der Zusammenhalt von Gruppen ist eine Bedingung dafür, dass die Zumutungen des Rechts- und Sozialstaates akzeptiert werden, dass man bereit ist, sich den Regeln zu beugen und mit den anderen zu teilen. Dazu wiederum wird man sich als Migrant leichter und schneller bereitfinden, je schneller und besser man die Sprache der Einheimischen spricht. Und je besser man diese Sprache spricht, umso eher wird man sich im Aufnahmeland heimisch und allmählich sogar als Einheimischer fühlen.

Deutschland ist nicht nur ein großes, sondern auch ein vielfältiges Land. Man könnte meinen, mit seiner ethnischen und kulturellen Homogenität sei es nicht weit her. Dies ist richtig und falsch zugleich. Denn unterschiedliche Physiognomien und Mentalitäten, verschiedenste Mundarten und regionale kulturelle Besonderheiten hindern nicht daran, sich der deutschen Nation zugehörig zu fühlen und dem Mitbürger ein Grundvertrauen entgegenzubringen. Vielfalt und nationale Identität schließen einander nicht aus.

Ebenso wenig verhindert ein bestimmtes Maß an Vielfalt ein rechtsstaatlich organisiertes Zusammenleben. Eine Vielfalt religiöser Feste beispielsweise muss nicht zu einer gegenseitigen Ablehnung führen. Multikulturalität führt aber häufig zur Segmentierung, zur Aufspaltung der Gesellschaft in Parallel- und Gegenwelten.[71] Sofern und

71 Vgl. dazu auch Bernhard Schlink: Zwischen Säkularisation und Multikulturalität. In: R. Stober (Hrsg.), *Recht und Recht* (FN 1), S. 301–316, hier S. 312 ff.

weil dies faktisch der Fall ist, verkörpern multikulturelle Gesellschaften keine Vielfalt in der Einheit, sondern – dafür sprechen jedenfalls Erfahrungen – Vielheit und tendenziell Zerfall.[72] Oder wie es Michael Ley formuliert: »In der Konsequenz bedeutet der Multikulturalismus die Selbstzerstörung der westlichen europäischen Gesellschaften.«[73] Eine plumpe »Willkommenskultur«, die die wahrscheinlichen Folgen einer ungesteuerten massenhaften Einwanderung nicht abzuschätzen versucht, ist ein gefährlicher Illusionismus.

Wie gesagt: Dies gilt im Allgemeinen. Der Islam jedoch stellt aufgrund seiner Nichtanerkennung der für die säkulare und liberale Gesellschaft essenziellen Trennung von Staat und Religion deshalb eine besondere Herausforderung dar, weil zwischen beiden Positionen kein Kompromiss möglich ist. Eine Politik, die Angehörige einer inkompatiblen Kultur in einer solchen Menge ins Land holt, dass in absehbarer Zeit die Marginalisierung der eigenen Kultur droht, erzeugt die Dominanz dieser Fremdkultur. Eine solche Politik folgt Grundsätzen, die die Bedingungen ihrer eigenen Anwendbarkeit zerstören. Denn das Funktionieren einer multiethnischen und multikulturellen Gesellschaft bedarf einer ausreichenden Übereinstimmung hinsichtlich der Akzeptanz von grundlegenden Wertvorstellungen.

72 Vgl. Martin Lichtmesz: *Die Verteidigung des Eigenen. Fünf Traktate.* Schnellroda 2011, S. 52–57.

73 Michael Ley: *Die kommende Revolte.* 2., durchgesehene Auflage. Paderborn 2015, S. 78.

3. Dialektik des guten Willens

Die massenhafte Einwanderung nach Deutschland wird das Land in seiner ethnischen und kulturellen Substanz verändern und die Lebensverhältnisse insgesamt für jeden spürbar umgestalten. »Deutschlands Gesellschaft verwandelt sich in eine Multiminoritätengesellschaft, bei der die bisherige Mehrheitsgesellschaft zu einer Minderheit unter anderen Minderheiten wird.«[74]

Einwanderung findet zwar seit Jahrzehnten statt, die gegenwärtigen Flüchtlings- und Migrantenströme haben jedoch die Prozesse drastisch beschleunigt. Diese Beschleunigung ist maßgeblich auch deshalb möglich geworden, weil in einer humanitär schwierigen Situation rechtliche Bestimmungen außer Acht gelassen wurden und diese Außerachtlassung eine zeitlich unbestimmte Fortsetzung fand.[75] »Selbst wenn man unterstellt«, so heißt es im Gutachten von Udo Di Fabio für den Freistaat Bayern, » dass die Lage Ende August und Anfang September 2015 quasi im rechtfertigenden Notstand zu Gunsten einer menschenwürdigen Behandlung von Flüchtlingen notwendig gewesen sein sollte, so würde das nichts an der Tatsache ändern, dass damit allenfalls eine punktuelle, auf wenige Tage beschränkte einstweilige Maßnahme zu rechtfertigen wäre, aber keine länge-

---

74 Herwig Birg: *Die alternde Republik und das Versagen der Politik. Eine demographische Prognose.* Berlin 2014, S. 112.

75 Zur Chronologie der Ereignisse und politischen Entscheidungen vgl. Manuel Aust/Wolfgang Büscher/Martin Lutz/Claus Christian Malzahn: »Herbst der Kanzlerin. Geschichte eines Staatsversagens«. In: *Die Welt* vom 10. November 2015.

re oder gar dauerhafte Außerachtlassung des geltenden Rechts.«[76]

Zudem gab es für die entscheidenden Weichenstellungen der Politik der offenen Grenzen durch die Bundesregierung keine demokratische Legitimation. Die Volkssouveränität und damit die Sinnhaftigkeit der demokratischen Herrschaftsform sind infrage gestellt, wenn einschneidende Entscheidungen, die die ethnische und religiöse Zusammensetzung der Bevölkerung des Landes und damit wesentliche soziologische Parameter ihrer Verfasstheit verändern, ohne jede Mitwirkungsmöglichkeit des angestammten Volkes getroffen werden können. Was bedeutet der normativ zu verstehende Verfassungsgrundsatz, dem zufolge alle Staatsgewalt vom Volke ausgeht (Art. 20 Abs. 2 S. 1 GG), wenn die Veränderungsmacht der Kanzlerin so weit reicht, dass sich, nachdem die Folgen ihrer einsamen Entscheidungen sichtbar werden, große Teile des Volkes fremd im eigenen Land fühlen?

Entscheidungen über Masseneinwanderung sind Entscheidungen besonderer Art. Sie haben nicht nur irreversible Folgen, sondern es handelt sich um langfristige Wirkungen, die ein Land substanziell verändern. Derartige Entscheidungen sollten nicht von regieren-

---

76 Udo Di Fabio: *Migrationskrise als föderales Verfassungsproblem*. In: www.bayern. de/wp-content/uploads/2016/01/Gutachten_Bay_DiFabio_formatiert. pdf, S. 92. – Die Bundesregierung, so Di Fabio, könne sich zwar darauf berufen, dass bestimmte Maßnahmen, insbesondere europäische Lösungen, erst nach einer gewissen Zeit wirken können und insofern die Entwicklung abgewartet werden darf, sie wird aber im Falle eines praktischen Scheiterns der gemeinsamen europäischen Einreisekontrollen »verfassungsrechtlich verpflichtet sein, wirksame eigene Grenzsicherung an der Bundesgrenze zu betreiben« (ebd., S. 106).

den Politikern, sondern vom Gesetzgeber getroffen werden – und zwar nicht nur mit einfacher Mehrheit. Der Gesetzgeber hat die Pflicht, von seiner Steuerungskompetenz Gebrauch zu machen. Führen politische Entscheidungen eine Entwicklung herbei, die wesentlich und dauerhaft von der formalen Gesetzeslage abweicht, sind die Volksvertreter im Parlament gefordert, entweder gesetzgeberisch nachzusteuern oder der Entwicklung entgegenzusteuern.[77]

Die unselektierte Einwanderung aus Ländern der Dritten Welt wird das Bildungs- und Kompetenzniveau der Gesellschaft senken, der überproportionale Anteil junger Männer das Aggressivitätsniveau steigen lassen. Zugleich werden mit der Einwanderung aus anderen Kulturkreisen andere Moral- und Rechtsverständnisse und vor allem ethnische und religiöse Konflikte importiert. Dies verändert die Gefährdungslage und hat Konsequenzen für das Sicherheitsgefühl der Bevölkerung.

Sollte die Integration von – wie jetzt schon absehbar – Millionen Menschen misslingen, wird der schleichende Zerfall der sozialen Ordnung zu einer realen Möglichkeit. Die Erschöpfung der Kapazitäten und die schiere Überlastung der Institutionen werden dazu zwingen, rechts- und sozialstaatliche Standards abzusenken. Die wachsende Unzufriedenheit unter der einheimischen Bevölkerung, aber auch unter den Migranten wird ein Klima allgemeiner Gereiztheit schaffen. Gewaltbereite

---

77 Vgl. Martin Nettesheim: Staatsverantwortung durch Verfassungsrecht am Beispiel von Migration. In: O. Depenheuer/Ch. Grabenwarter (Hrsg.), *Der Staat in der Flüchtlingskrise* (FN 20), S. 55–70, hier S. 62–64.

deutsche Männer werden glauben, sich zur Wehr setzen zu müssen. Sie werden Jagd auf Ausländer machen und innerstädtische Verwüstungen anrichten.
Gleichzeitig wird auf Seiten des Staates die Bereitschaft
wachsen, aufkommenden Hass und um sich greifende
Gewaltaktionen auch mit polizeistaatlichen Methoden
zu bekämpfen. Man wird polizeiliche Rechte ausweiten,
früher präventiv tätig werden, intensiver abhören, Daten
umfangreicher und länger speichern, die Schwelle für er-
laubte Hausdurchsuchungen und Festnahmen absenken,
Gesetze weiter auslegen, vielleicht sogar die Armee im
Inneren einsetzen.

Noch stärker als bisher wird man das Recht als ein
»Erziehungsmittel«[78] ausgestalten und neue Arten von
»Hassverbrechen« gesetzlich kreieren. Man wird noch
intensiver als ohnehin schon dazu übergehen, »die
Moral des Bürgers wie in vormodernen Zeiten zu
steuern und diesen über das außerrechtlich richtige
Verhalten zu belehren«[79] – sei es über die vorschulische
Erziehung der Kinder, durch eine gezielte Gestaltung
von schulischen Lehrplänen, durch eine ideologische
Ausrichtung von Hochschulen oder die Sanktionierung
politisch inkorrekten Verhaltens. Sobald es zu Über-
griffen auf Ausländer oder zu Pöbeleien gegen Migranten kommt, werden Hysteriewellen durch das Land
gehen und Politiker zu aktionistischen Maßnahmen
veranlassen. Je drängender die Probleme, je offensicht-
licher das mitverschuldete Desaster, umso rabiater der

78 Johann Braun: Soziale Lenkung – Formen rationaler Verhaltenssteuerung. In:
Sezession 69, Dezember 2015, S. 10–14, hier S. 14.

79 Ebd.

Umgang mit Kritikern, Zweiflern und Oppositionellen. Schon heute beteiligen sich Politiker und selbst höchste Regierungsmitglieder an der Diffamierung und moralischen Stigmatisierung von Teilen des Volkes.[80] Gemeinsam mit Medienvertretern betreiben sie ein Geschäft der Umerziehung der gesamten Gesellschaft. Migrationsforscher, die zu einem unrealistischen Optimismus neigen und schon das Interesse an der Bewahrung der eigenen Kultur als »Kulturrassismus« geißeln,[81] werden Politiker ermuntern, die Absorptionsrate – jene Rate, mit der die Auslandsgemeinden von der Aufnahmegesellschaft absorbiert, das heißt assimiliert oder integriert werden – zu erhöhen. Als ein Mittel werden sie vorschlagen, »Rassismus« und »Diskriminierung« in der einheimischen Bevölkerung noch stärker zu verfolgen,[82] um die Widerstandskräfte in der Gesellschaft zu schwächen. Durch unpräzise Definitionen und schwammige Tatbestandsformulierungen werden politisch unliebsame Meinungen und Verhaltensweisen – und damit indirekt auch Interessen – kriminalisiert, die im Volk weit verbreitet sind. Das alles wird die Freiheit des Einzelnen weiter einschränken; zum einen werden die Bürger bereit sein, diese Einschränkungen aus Gründen der Sicherheit und der öffentlichen Ruhe hinzunehmen, zum anderen wird ihnen die eigene Indoktriniertheit gar nicht oder zu spät bewusst werden.

80 Vgl. auch Michael Klonovsky: *Die Liebe in Zeiten der Lückenpresse. Reaktionäres vom Tage. Acta diurna 2015.* Waltrop und Leipzig 2016, S. 187.

81 So K. J. Bade, Von Unworten zu Untaten (FN 38), S. 40.

82 So P. Collier, *Exodus* (FN 7), S. 279.

Während einerseits die Zwangsgewalt des Staates erweitert werden wird, könnte andererseits das Gewaltmonopol des Staates gleichzeitig erodieren. Bürger, die sich nicht mehr sicher fühlen, verteidigen sich selbst oder beauftragen private Sicherheitsagenturen. Reiche, die sich in geschlossene Wohngebiete zurückziehen, könnten sich von Privatarmeen schützen lassen und gegen Kriminelle in Selbstjustiz vorgehen. Polizei und staatliche Organisationen könnten sich immer häufiger aus bestimmten Stadtteilen zurückziehen und diese der Selbstorganisation nach Mafia- oder auch Scharia-Grundsätzen überlassen. Der Staat fragmentierte sich und wäre nicht mehr für alle da. Neue Akteure etablierten sich, denen sich der Schwache nur noch andienen kann.

Dass eine Region ihre Außengrenzen öffnet, statt sie zu verteidigen, hat es, so Henry Kissinger in einem Interview, »seit einigen tausend Jahren nicht mehr gegeben«[83]. Die Folgen dieser Politik schweigend zu erdulden oder kampflos hinzunehmen, ist keine Bevölkerung verpflichtet. Vielmehr gilt umgekehrt: Politiker und Bevölkerung haben die Pflicht, funktionierende Gemeinwesen zu bewahren; sie haben die Pflicht, alles – und zwar auch Gutgemeintes – zu unterlassen, was das Gemeinwesen in einer unabsehbaren Weise destabilisieren und schädigen oder gar in seine Zerstörung münden könnte.

Ähnlich wie der Kommunismus, der angetreten war, die menschlichen Leiden zu minimieren, aber verantwortlich wurde für Massenverbrechen, wird das als

83 Henry Kissinger, zit. nach: Astrid Dörner: »›Das hat es seit einigen tausend Jahren nicht gegeben‹«. In: *Handelsblatt* vom 29. Dezember 2015.

Modernisierung gedachte Projekt der gesellschaftlichen Durchsetzung des moralischen Universalismus zur Entmodernisierung beitragen. Der Abbau von Grenzen lässt neue entstehen; die friedfertig erscheinende Idee der allgemeinen Beachtung der Menschenrechte ist mit einem brutalen Vorgehen gegen innere Gegner und mit Kriegen gegen »das Böse« vereinbar. Man fordert Minderheitenschutz und Quotenregelungen, also Gleichheit für Ungleiche, leugnet aber jede Ungleichheit von Menschen oder sozialen Gruppen. Man glaubt, Gruppenzugehörigkeiten dekonstruieren zu können, entwickelt aber Feindbilder, die auf Gruppenzuschreibungen beruhen. Man predigt Toleranz und geriert sich gleichzeitig als maßlos intoleranter Sittenwächter. Man verurteilt jede Form der Diskriminierung, praktiziert aber eine gnadenlose Ausgrenzung. Die gedankenlose Entgrenzung des moralischen Wollens hat zu einer beispiellosen Aggressivität gegenüber jenen geführt, die sich den hypermoralischen Reflexen verweigern.

V.
IDEOLOGIEGETRIEBENE
IRRATIONALITÄT

1. Lehren aus der deutschen Geschichte?

Wer sich vorzustellen versucht, was bevorsteht, hat zudem die besondere Lage Deutschlands zu bedenken. Viele Deutsche halten sich in der Flüchtlingskrise für moralisch aufgefordert, in ihre Positionierung und ihr Verhalten Lehren aus der deutschen Geschichte einfließen zu lassen. Dies erklärt auch die Sonderrolle, die Deutschland – vielleicht abgesehen von Schweden – in Europa diesbezüglich spielt. Sie glauben etwa, dass »Auschwitz« nicht möglich gewesen wäre, wenn »die Deutschen« beim Abtransport von Juden nicht weggesehen oder Hilfsbedürftigen bedingungslos geholfen hätten. Sie glauben, dass sich »das Volk« eigentlich anders hätte verhalten können und anders hätte verhalten müssen. Sie glauben, es sei zu erwarten, dass es sich – bei entsprechender Aufklärung – unter ähnlichen Bedingungen auch tatsächlich anders verhält. Sie glauben, dass die Toleranz und die Frustrationsresistenz der auf Helfen-Wollen eingestellten Bevölkerung derart ausgeprägt ist, dass sich die im Zuge der Einwanderung ergebenden Probleme und Konflikte aushalten und lösen lassen werden. Ich persönlich glaube letzteres nicht. Denn diese »Konsequenzen« aus der Geschichte zieht nicht die Mehrheitsgesellschaft, sondern nur ein Teil der Intellektuellen. Aufklärung dürfte nur in den seltensten Fällen zu genau den und nur zu den Ergebnissen führen, die sich die Aufklärer erträumen.

Worin denn genau das Lernergebnis bestehen soll, bleibt zudem unklar. Mitunter wird eine besondere Verantwortung beschworen. Aber wie auch immer man diese Verantwortung definiert, eine unkontrollierte Einwanderung könnte sich als ein Projekt der – nicht unbedingt intendierten, aber sehenden Auges in Kauf genommenen – Selbstzerstörung erweisen. Warum aber, so ist zum einen zu fragen, sollten die Bewohner eines Landes aufgrund des Fehlverhaltens ihrer Vorfahren – was angesichts der Millionen bereits Zugewanderten für Deutschland schon gar nicht mehr durchgängig stimmt – in einem Ausmaß zur Humanität verpflichtet sein, das ihr Leben massiv zum Schlechteren verändern könnte? Zum anderen werden kein Lernergebnis und keine Verantwortungsübernahme dazu führen, dass die Mehrheit der Menschen jede Selbstbevorzugung aufgibt, sodass keine zwischenmenschlichen Konflikte entstehen. Keine Aufarbeitung der deutschen Geschichte wird alle Menschen in Deutschland zu gutmütigen Schafen machen, sodass man das Land ohne innere Verwerfungen unkontrolliert fluten lassen könnte. Und deshalb ist die Erwartung, die mit der Masseneinwanderung verbundenen Probleme würden dank der richtigen Lernergebnisse letztlich zu lösen sein, unplausibel – und der Wille, alles auf diese vage Hoffnung zu setzen, irrational.

Wer sich über die um sich greifende Irrationalität bei der politischen und medialen »Bearbeitung« der Flüchtlingskrise wundert, sollte vielleicht Folgendes bedenken: Eine nicht unbedeutende Minderheit der Deutschen ist beseelt von einem Hass auf das eigene Volk und alles Deutsche. Sie halten diese Einstellung für eine Lehre aus der (angeblichen) Diskreditierung des Nationalstaats im 20. Jahrhundert, insbesondere aus dem Desaster des Nationalsozialismus. Für sie ist die Selbstaufgabe der deutschen Nation nicht nur kein Problem, sondern Ziel. Als Vertreter einer besiegten Nation empfinden sie ihre eigene nationale Identität als einen Makel, den sie durch einen uneingeschränkten Humanitarismus und Kosmopolitismus abzustreifen suchen. Sie träumen den Traum von einer heilen Weltgesellschaft, in der alle Menschen Brüder geworden sind[84] – in der jeder die Bedürfnisse und Interessen jedes anderen so berücksichtigt, als wären es die eigenen.

Diese Einstellung eines moralischen Universalismus wurzelt in der stoizistischen Ethik sowie im Christentum; sie erlebte eine Renaissance im weltbürgerlichen Geist der deutschen Klassik und des deutschen Idealismus sowie in der Vision des Kommunismus und zielt auf die Überwindung jedes individuellen und gruppenspezifischen Egoismus. Deshalb hat die Überwindung des Nationalen für die Vertreter dieser Ideen Rettungs- und Erlösungscharakter. Auflösung der Nationen – dies scheint der Imperativ zu sein, der (auch) aus dem Verstehen von »Auschwitz« abgeleitet wird. Ihn im praktischen Handeln zu befolgen ist für sie einerseits die Pflicht des Volkes der Täter, andererseits aber auch die individuelle Möglichkeit, von einem »Angehörigen des Tätervolkes« zu einem »Menschen« zu werden.[85]

Vor diesem geistigen Hintergrund wird es verständlich, warum es eine »Willkommenskultur« zur Selbstabschaffung in aller Konsequenz nur in Deutschland

---

84 Vgl. J. Isensee, Nachwort: Solidarität – sozialethische Substanz eines Blankettbegriffs (FN 2), S. 110 f.

85 Zur Analyse vgl. Andreas Krause Landt: Holocaust und deutsche Frage. Ein Volk will verschwinden. In: Merkur, 59 (2005) 12, S. 1113–1125, hier S. 1119.

gibt und nirgendwo sonst. Der deutsche Antifaschist begreift sich als der erste Vertreter einer neuen Spezies: Er ist nur noch Weltbürger in einer geeinten Menschheit. Wer diese Vision nicht teilt oder gar für gefährlich hält, ist Gegenstand der Häme und der moralischen Diskreditierung. Die Gesellschaft, welche die Gleichbehandlung aller Menschen garantiert, soll von hasserfüllten Menschen geschaffen werden – von Aktivisten, denen es in aller Regel schwerfällt, auch nur die Skepsis anderer zu ertragen!

2. Erziehung des Volkes

Nicht wenigen scheint es unmöglich zu sein, eigene ideologische Fixierungen auch nur hypothetisch zu überwinden. Sie glauben, die Ängste, die angesichts massenhafter Einwanderung andere entwickeln, verlangten nach einer psychologischen Erklärung. Man ist überzeugt, dass es, objektiv betrachtet, keinerlei Gründe für derartige Ängste gibt, weshalb ihr Auftreten als erklärungsbedürftig erscheint. Wenn es aber für Befürchtungen und Sorgen keinen wirklichen Grund gibt, muss ihr Auftreten in subjektiven Defiziten gesucht werden. Wer also, so fragen die Befürworter der »Willkommenskultur«, ist unter diesen Voraussetzungen eigentlich der Integration bedürftig? Muss die viel wichtigere Integration nicht an den unbegründet oder gar böswillig Ängstlichen vollzogen werden, die die multikulturelle Gesellschaft ablehnen und deshalb den Zuzug von Ausländern beschränken wollen?

Tatsächlich sind beträchtliche Teile der politisch-medialen Klasse mit der ideologischen Verfasstheit des Staatsvolkes unzufrieden. Auch sie finden, dass das Volk das Vertrauen der Regierung verscherzt habe, und würden es, dem Vorschlag Bertolt Brechts folgend, am liebsten auflösen und sich ein anderes wählen.[86] Diese Elite weigert sich hartnäckig, die Bedeutung der Kultur und kultureller Unterschiede zur Kenntnis zu nehmen. Dass Menschen mit Menschen anderer Gruppenzugehörigkeit nicht zusammenleben wollen, empfinden moralische Universalisten empörend. Für sie ist Mensch gleich Mensch – und über diesen

---

86 Vgl. Bertolt Brecht: Die Lösung. In: Ders.: *Ausgewählte Werke in sechs Bänden.* Frankfurt am Main 1997, Bd. 3, S. 404.

zweifellos richtigen, aber unterkomplexen Gedanken finden sie nicht nur nicht hinaus, sondern sind überzeugt, aus dieser Gleichheitsidee unmittelbar Ansprüche an das moralische Verhalten ableiten zu dürfen. Der wirkliche Mensch ist aber nicht nur Vertreter seiner Gattung; er ist ein sozial und kulturell geprägtes Wesen. Im Zusammenleben mit anderen Menschen sind für ihn gerade auch jene Merkmale wichtig (ethnische Zugehörigkeit, Sprache, Religion), die für die Frage der Zuweisung oder Anerkennung von Menschenrechten keine Bedeutung haben.

Politiker, die dies nicht wahrhaben wollen, sondern glauben, die Welt nach Maßgabe einer idealen universalistischen Moral der *uneingeschränkten* Gleichbehandlung aller Menschen regieren zu können, sind nicht bereit, die Wünsche der Bevölkerung im Rahmen des geltenden Verfassungsrechts einfach hinzunehmen. Sie begreifen die Bevorzugung des Eigenen und des kulturell Vertrauten als eine Form illegitimer Ausgrenzung, ja gegebenenfalls des Rassismus. Sie wollen das Volk nach ihren Vorstellungen erziehen, und allein in diesem Willen offenbart sich eine zutiefst undemokratische Haltung. Weit bitterer aber ist es, dass die universalistisch eingestellte Elite tatsächlich einen Weg gefunden hat, den ersten Teil des Brechtschen Vorschlags in die Realität umzusetzen – nämlich durch Massenzustrom von Nichteuropäern zumindest die Identität des deutschen Volkes und sämtlicher europäischer Völker aufzulösen.[87]

---

87 Vgl. Renaud Camus: *Revolte gegen den Großen Austausch. Zusammengestellt und übersetzt von Martin Lichtmesz.* Schnellroda 2016, S. 50 f. Siehe auch Martin Sellner: Der Große Austausch in Deutschland und Österreich. In: R. Camus, *Revolte gegen den Großen Austausch,* S. 189–219, hier S. 195.

Die deutsche Politik hat im Herbst 2015 nicht nur aller Welt mitgeteilt, es läge nicht in ihrer Macht, darüber zu bestimmen, wie viele Menschen Deutschland aufzunehmen habe; sie hat darüber hinaus den Eindruck erweckt, Interessent und Befürworter einer schrankenlosen Einwanderung zu sein. Diese Politik ist in jeder Hinsicht unbegründet. Weder ist die Pflicht, Asylsuchende und Flüchtlinge aufzunehmen, unbeschränkt, noch sind wir unfähig, unsere Grenzen zu schützen, noch liegt eine unbegrenzte Einwanderung in unserem nationalen Eigeninteresse. Mit dieser Politik hat sich Deutschland in Europa isoliert. Nicht nur, dass sie nicht mitgetragen und wahlweise belächelt oder mit Kopfschütteln quittiert wird – auch wird die moralische Selbstüberhebung, die sie ausstrahlt, unseren europäischen Nachbarn sauer aufstoßen. Diese Politik, die nunmehr unter dem Druck der Verhältnisse sukzessive verändert wird, zeugt kaum von strategischem Weitblick. Sie ist gerade nicht als eine Lehre aus der deutschen Geschichte zu betrachten.

VI.
HILFLOSIGKEIT UND
ZERFALL

1. Mangelnder Wille zur Selbstbehauptung

Die Neuankömmlinge, die ihre eigene nationale Identität mitbringen, könnten, eben weil sie in Massen auftreten, die liberalen Spielregeln nutzen und jedem Anpassungsdruck nach und nach ausweichen. Da sie im Durchschnitt jünger und kinderreicher sind, werden sie in den kommenden Jahrzehnten eine demographische Dynamik entfalten, die das Deutsch-Sein neu definiert. Der Islam wird massiv an Boden gewinnen und die Gesellschaft subversiv verändern.[88] – Dies jedenfalls ist eine mögliche Entwicklung. Dass auch alles anders kommen könnte, ist vorerst kein Trost. Eine verantwortbare Politik kann sich nur auf Erfahrungen und reale Trends stützen; vor allem aber darf sie vom Menschen nicht ein Verhalten erwarten, wozu er sich nur im Ausnahmefall durchringen kann. Womit ist also realistischerweise zu rechnen?

Lebten 1990 2,5 Millionen Muslime in Deutschland, werden es 2030 schon 5,5 Millionen sein. Das allein mag man noch nicht für besorgniserregend halten, obgleich die Entwicklung des prozentualen muslimischen Bevölkerungsanteils ein anschaulicheres Bild zeigt: Der Anteil der Muslime an der deutschen Gesamtbevölkerung wird in diesem Zeitraum von 3,2 auf 7,1 Prozent steigen. Auch danach wird die autochthone Bevölkerung weiter schrumpfen und die Geburtenrate in der muslimischen Bevölkerung – trotz einer allmählichen Annäherung an das Durchschnittsniveau – weiterhin deutlich über

---

88 Siehe dazu Udo Ulfkotte: *Mekka Deutschland. Die stille Islamisierung.* Rottenburg ⁴2015.

der der einheimischen Bevölkerung liegen.[89] In Belgien und Frankreich wird im Jahre 2030 der muslimische Bevölkerungsanteil den derzeitigen Prognosen zufolge bereits mehr als 10 Prozent betragen.[90] Dieser Entwicklungstrend wird sich in den Jahrzehnten nach 2030 wahrscheinlich beschleunigt fortsetzen, wobei zu berücksichtigen ist, dass die derzeit verfügbaren Daten vor der gegenwärtigen Masseneinwanderung erhoben wurden.

Mit kulturell anders geprägten Menschen wandern andere Mentalitäten ein. Deutschland wird in einer gesellschaftlich relevanten Menge von Menschen bevölkert werden, deren andersartiges Rechts- und Gesellschaftsverständnis nur in Teilen verfassungskompatibel ist. Im säkularen Rechtsstaat kann nur der Grundsatz gelten, dass im Falle einer Inkompatibilität von staatlichen und religiösen Gesetzen die religiösen Forderungen zurückzustecken haben. Auf Religionsfreiheit kann sich niemand berufen, um eine religiöse Praxis durchzusetzen, die mit geltendem Recht kollidiert. Ein Rechtsstaat, der solchen Forderungen nachgibt, gerät auf die schiefe Bahn. Mit jedem weiteren Ausnahmetatbestand schwächt er seine Abwehrkraft. Unter Hinweis auf die Demokratie und den Gleichbehandlungsgrundsatz jedoch werden islami-

---

89 Dass sich Ethnien bei gleich hohem Lebensstandard in ihrem Reproduktionsverhalten angleichen, ist möglich, aber nicht notwendig. Für die Angehörigen von Minoritäten ist ein Verhalten rational, das sie als Gruppe wachsen und – zumal in einer Demokratie – durchsetzungsfähiger werden lässt (vgl. dazu Irenäus Eibl-Eibesfeldt: *Wider die Mißtrauensgesellschaft. Streitschrift für eine bessere Zukunft*. München ²1995, S. 132 f.).

90 Vgl. Felix Strüning: Muslimische Bevölkerungsentwicklung 1990–2030. In: http://www.citizentimes.eu/2011/02/01/muslimische-bevoelkerungsentwicklung-1990-2030/.

sche Interessenvertreter die vollständige Respektierung ihrer Religion einfordern. Sie werden mit Forderungen aufwarten, Elemente der Scharia als Recht anzuerkennen, und sie werden immer vehementer ihrer Erwartung Ausdruck verleihen, dass ihre »religiösen Gefühle« von niemandem verletzt werden dürfen. Erste Anzeichen gibt es bereits. Um keine religiösen Gefühle von Menschen mit Migrationshintergrund zu verletzen, hat das Rathaus von Berlin-Köpenick Nacktfotos aus einer Ausstellung entfernt.[91] Mit der Strategie, nicht nur Tolerierung, sondern Respekt und Rücksichtnahme einzufordern, betreibt man zunehmend unverhohlen eine Islamisierung Europas.[92] Alle diese Bestrebungen werden in einem Volk, in dem ein gesunder Selbstbehauptungswille nur noch rudimentär existiert, langfristig erfolgreich sein.

Der Tatbestand, dass religiöse Gefühle verletzt wurden, ist zunächst die unüberprüfbare Behauptung eines rein subjektiven Empfindens, in das man sich leicht, vielleicht sogar gezielt, hineinsteigern kann. Sodann aber ist die Forderung, dass religiöse Gefühle nicht verletzt werden dürfen, praktisch unerfüllbar, wenn sie in einer nicht von dieser Religion geprägten Kultur erhoben wird. Es verletzt beispielsweise die religiösen Gefühle eines gläubigen Hindus, wenn in

91 Vgl. Ricarda Breyton: »Rathaus entfernt Bilder, um ›keine Gefühle zu verletzen‹. Das Rathaus von Berlin-Köpenick hat Nacktfotos aus einer Ausstellung entfernt. Religiöse Gefühle von Menschen mit Migrationshintergrund könnten verletzt werden. Künstler und Bürger wittern Zensur«. In: *Die Welt* vom 22. April 2016.

92 Vgl. Th. Sarrazin, *Deutschland schafft sich ab* (FN 59), S. 316–320.

Deutschland Kühe geschlachtet werden.[93] Sollen wir deshalb in Deutschland keine Kühe mehr schlachten, nur weil Hindus Kühe für heilige Tiere halten? Muslime fühlen sich beleidigt, wenn der Prophet unvorteilhaft karikiert wird. Sollen wir allein deshalb einer Kunstgattung die gewünschten Beschränkungen auferlegen? Manche fühlen sich bereits beleidigt, wenn der Islam in einem erklärenden Zusammenhang mit Terrorismus in Verbindung gebracht wird. Sollen aber deshalb bestimmte Ursachenanalysen in das Reich des Unsagbaren verbannt werden? Es gehört zum religiösen Selbstverständnis vieler muslimischer Frauen, sich in der Öffentlichkeit nur verschleiert zu zeigen. Aber könnten ihre religiösen Gefühle nicht auch dadurch verletzt werden, dass deutsche Frauen unverschleiert auftreten? Und was wäre dann zu tun? Selbst wenn ein solches Ansinnen aus heutiger Sicht unrealistisch erscheinen mag: Der Phantasie, immer neue Arten von Gefühlsverletzungen zu behaupten, sind keine Grenzen gesetzt. Zeugen nicht manche Facetten des europäischen Lebensstils von einer stupenden Missachtung religiöser Überzeugungen von Muslimen und einer leibhaftigen Rücksichtslosigkeit gegenüber ihren Empfindungen? Wie weit wird man den Anspruch auf Nichtverletzung religiöser Gefühle treiben? Haben unsere muslimischen Mitbürger nicht ein Anrecht darauf, dass wir alles unterlassen, was sie stören oder verletzen könnte?

---

93 Es ist nicht bekannt, dass in Deutschland lebende Hindus – immerhin 100 000 – fordern würden, Deutsche mögen aus Rücksichtnahme auf die Gefühle von Hindus auf das Schlachten und den Verzehr von Rindern verzichten (vgl. U. Ulfkotte, *Mekka Deutschland* [FN 88], S. 121 f.).

Die religiösen Gefühle einer fremdartigen Religion zu achten erfordert, Abstriche zu machen bei eigenen Lebensgewohnheiten. Solche Rücksichtnahmen können mit Momenten der Selbstaufgabe verbunden sein. Keine Einwanderungsgesellschaft, die anderen Menschen Lebenschancen eröffnet, ist aber moralisch veranlasst, sich selbst aufzugeben. Der Gastgeber legt die Spielregeln fest, nicht der Gast. Zudem kann ein Gastgeber viele Gäste gleichzeitig haben, deren Gefühle und Lebensgewohnheiten zu berücksichtigen ihm unmöglich ist. Und dieser »Primat des Gastgebers« bleibt erhalten, auch wenn der Gast zum Mitbewohner geworden ist. Selbst dann gilt: Der Zugewanderte hat, wie jeder Bürger, die Rechtspflicht, jede legale Freiheitsausübung von Mitbürgern zu tolerieren – auch wenn er dadurch religiöse Gefühle verletzt sieht.[94]

Vor Zumutungen dieser Art kann in der pluralistischen Gesellschaft niemand geschützt werden. Es ist ein Preis der Freiheit – der Freiheit, sein Leben nach seinen individuellen Vorstellungen und auf der Grundlage persönlicher weltanschaulicher oder religiöser Überzeugungen führen zu können. Solche Zumutungen haben nicht nur Muslime zu ertragen. Auch für einen Christen dürfte es nicht leicht sein, in einem Staat zu leben, der zum Beispiel Abtreibungen unter bestimmten Voraussetzungen nicht bestraft.

Die theoretisch »sauberen« Lösungen müssen jedoch nicht realpolitische Wirklichkeit werden. Letztlich entscheiden Macht und Selbstbehauptungswille. Um des sozialen Friedens willen wird die bundesdeutsche Politik eine Position nach der anderen räumen. So wie bei der Dul-

94 Vgl. auch Josef Isensee: »Was wir fordern dürfen«. In: *Frankfurter Allgemeine Zeitung* vom 4. Februar 2015.

dung der Körperverletzung durch Beschneiden nach jüdischem Brauch wird man auch den muslimischen Forderungen entgegenkommen. Bereits heute sind muslimische Schülerinnen vom koedukativen Schwimm-, Turn- und Sportunterricht dispensiert. Dies sind Zeichen einer Entwicklung zur Multikulturalität. Diese Entwicklung – getrieben durch die Koexistenz unterschiedlicher, zum Teil religiös begründeter Wertvorstellungen – findet innerhalb eines Prozesses der Säkularisierung statt, eines Prozesses, in dem das Religiöse aus dem öffentlichen Raum immer mehr verschwindet, und sie hat die angedeuteten paradoxen Konsequenzen.

In den nächsten Jahrzehnten werden sich Politiker auf das, was ohnehin dabei ist, Wirklichkeit zu werden, die schleichende Islamisierung des Landes, einstellen, und die etablierten Parteien werden um die Wählergunst von Migranten und insbesondere Muslimen buhlen. Man wird meinen, Toleranz zu üben, in Wirklichkeit aber nur nachgiebig sein und den Rechtsstaat beschädigen. Wer seine Besorgnis über diese Entwicklungen zum Ausdruck bringt und die Vorzugswürdigkeit einer geringeren Einwanderung artikuliert, wird schon heute in den öffentlichen Medien und von Politikern etablierter Parteien als »Ausländer- oder Islamfeind« abgestempelt. Es wird nicht lange dauern, und das Beharren auf verfassungsrechtlichen Grundsätzen gilt als politisch inkorrekt. Wer auf die Wahrung der nationalen Identität als Voraussetzung der Lebensfähigkeit des Verfassungsstaates hinweist,[95] könnte in Zukunft einen schweren Stand haben.

95 So R. Scholz, »Kein Asyl ohne Grenzen« (FN 27), S. 8.

Die schon heute mit Händen zu greifende Hilflosigkeit der Politik wird zunehmen. Aggressiv – oder wechselweise auch moderat – auftretende islamische Lobbygruppen werden unablässig mit neuen Forderungen aufwarten und die Gesellschaft unter Druck setzen. Mit dem Hinweis, »Populisten« dürfe man nicht nachgeben, werden sie Mainstream-Politiker vereinnahmen und nachgiebig machen. Schließlich wird man sagen, nicht nur die Zugewanderten hätten sich uns anzupassen, es sei unsere Pflicht, uns auch ihnen anzupassen. Aydan Özoguz, Staatsministerin und stellvertretende SPD-Vorsitzende sowie Integrationsbeauftragte der Bundesregierung, arbeitet bereits daran, diesem Grundsatz Geltung zu verschaffen. Im zukünftigen Deutschland, so ist sie überzeugt, müssten sich nicht nur die Menschen, die zu uns kommen, integrieren; vielmehr müsse das Zusammenleben täglich neu ausgehandelt werden.[96]

Dafür jedoch werden immer weniger Bürger Verständnis haben. Niemand möchte sich den Einflüssen von Fremden aussetzen. Für niemanden ist es erstrebenswert, dass seine Lebenskreise gestört werden, seine Gastfreundschaft missbraucht oder ihm gar die von Fremden mitgebrachte Lebensweise oktroyiert wird. Jeder zieht es vor, Herr im eigenen Haus zu bleiben. Deshalb entstehen nahezu unweigerlich Konflikte, wenn sich Neuhinzugekommene wie Alteingesessene benehmen. Sobald Einwanderer Staatsbürger geworden sind, haben sie allerdings die gleichen staatsbürger-

---

96 Vgl. Karsten Kammholz: »Das ist der Masterplan zur Integration der Flüchtlinge«. In: *Die Welt Online* vom 19. September 2015 (http://www.welt.de/146582999).

lichen Rechte. Selbstverständlich haben sie auch das Recht, unter Beachtung der geltenden Gesetze ihren Lebensgewohnheiten zu folgen und ihren Riten nachzugehen. Sie haben damit aber noch lange nicht das »Recht«, ihre mitgebrachte Kultur *in Konfliktfällen* als gleichberechtigt zu betrachten.

Um Integrationsbemühungen nicht scheitern zu lassen, wird jedoch der liberale Staat gegenüber Migranten mit großer Nachsicht operieren. Er wird über Regelverletzungen hinwegsehen und selbst Straftaten nicht konsequent verfolgen. Erfahrungen dieser Art werden Missstimmungen in der Bevölkerung verstärken. Bei vielen wird sich das Gefühl breitmachen, ungerecht behandelt zu werden. Man wird sagen: »Der offenkundige ›Sozialmissbrauch‹ krimineller Ausländer wird in der Regel nicht verfolgt; stattdessen hält sich die Bürokratie umso lieber an die Verfehlungen des kleinen Hartz-IV-Empfängers.« Man wird sagen: »Während Massenschlägereien und Zerstörungen in Asylunterkünften praktisch folgenlos bleiben, wird der deutsche Parksünder ›erbarmungslos‹ zur Kasse gebeten.« Manche aus der einheimischen Bevölkerung werden sich – zu Recht oder zu Unrecht – fragen, warum nur für sie die Rechtsordnung gilt, und sich von diesem Staat innerlich verabschieden. Menschen aus der bürgerlichen Mitte werden politische Positionen beziehen, die das Establishment heute noch als »rechtsradikal« beschreibt. Es wird zu massiven politischen Spannungen kommen und eine gesellschaftliche Polarisierung einsetzen, die sich sowohl in der Bevölkerung als auch den Eliten bemerkbar macht. Die Repräsentanten von

Staat und Parteien werden bei immer mehr Bürgern auf Verachtung stoßen, und relevante Teile der Bevölkerung werden sich immer weniger ernst genommen fühlen. Alles dies erleben wir bereits in Ansätzen.

Unter diesen Voraussetzungen verschlechtern sich die Chancen, einen »Gemeinschaftswillen« im Volk jenseits aller Interessengegensätze und weltanschaulichen Unterschiede festzustellen, und es wird immer schwerer werden, einen nationalen (Minimal-)Konsens demokratisch, durch Diskussion und Kompromiss, herzustellen. Ein gewisses Mindestmaß an sozialer Homogenität im weitesten Sinne ist dafür die Basis.[97] Eine soziale Homogenität erzeugt ein sozialpsychologisch relevantes Wir-Bewusstsein. Ohne eine solche Homogenität sind für die unterschiedlichen Gruppen und die verschiedenen Einzelnen innerhalb der Bevölkerung eines Siedlungsgebietes keine Vorteile des gemeinsamen Zusammenlebens erkennbar. Ein Grundbestand an weithin geteilten Überzeugungen und Gewohnheiten ist in vielerlei Hinsicht von Vorteil. Auch das Recht muss bei allem Streit über einzelne Rechtsnormen im Allgemeinen als legitim anerkannt sein. Kulturelle und religiöse Pluralität erschweren es, für Generalklauseln und unbestimmte Rechtsbegriffe eine konsensfähige Auslegung zu finden; sie erschweren es, einen Strafkodex zu entwickeln, der als weitgehend gerecht akzeptiert wird. Es stellt sich die Frage, inwieweit ein funktionierender Rechtsstaat ein kulturell hinreichend homogenes

---

97 Vgl. Hermann Heller: Politische Demokratie und soziale Homogenität. In: Ders.: *Gesammelte Schriften.* Leiden 1971, Bd. 2, S. 421–433, hier S. 427–433.

Gemeinwesen voraussetzt[98] – ein Gemeinwesen, in dem eine ausreichend präzise Auffassung darüber allgemein geteilt wird, was für eine Herrschaftsordnung als legitim anzuerkennen ist. Nationalstaaten haben bei der Entstehung des Rechtsstaates nicht nur zufällig Pate gestanden; sie haben diese auch begünstigt. Haben die europäischen Eliten, die an einem supranationalen Europa bauen, je über diese Frage nachgedacht?

Verflüchtigt sich die soziale, kulturelle, religiöse und ethnische Homogenität, entfällt auch die gemeinsame Diskussionsgrundlage. Immer mehr Menschen fühlen sich von den Repräsentanten des Staates nicht mehr repräsentiert, immer weniger identifizieren sich mit seinen Symbolen. Für den Staat wird es dann immer schwerer, ein Gefühl des gemeinsamen Verpflichtetseins für die Belange der Gemeinschaft zu erzeugen und den geforderten Rechtsgehorsam durchzusetzen. Mit dem ideologischen und religiösen Auseinanderdriften sozialer Milieus werden auch die politischen Gräben tiefer. Regierungsbildungen gestalten sich schwieriger, Koalitionsregierungen werden instabiler. Das politische Gemeinwesen droht zu zerfallen.[99]

98 Vgl. Thierry Baudet: *Der Angriff auf den Nationalstaat.* Rottenburg 2015, S. 10 f.
99 Vgl. H. Heller, Politische Demokratie und soziale Homogenität (FN 97), S. 428.

2. Instabilitäten und Regressionen

Ob Deutschland seine Rechtskultur, seine funktionierende staatliche Bürokratie, seine organisatorische Kompetenz, seine technische Innovationskraft, seine ökonomische Effizienz und wirtschaftliche Stärke mit einer Bevölkerung bewahren können wird, die zu einem erheblichen Teil aus zerrütteten Gesellschaften anderer Kulturen stammt und deutlich schlechter ausgebildet ist,[100] ist höchst ungewiss. Die Immigranten der gegenwärtigen Einwanderungswelle kommen zum großen Teil aus kriegs- und bürgerkriegsgeschüttelten Ländern, aus Ländern, in denen Korruption und Gewalt herrschen, aus Ländern, die es, aus welchen Gründen auch immer, nicht geschafft haben, die für die moderne Welt maßstabsetzende industriegesellschaftliche, rechtsstaatliche und demokratische Entwicklung Europas nachzuvollziehen. Die Einwanderer nach Deutschland kommen aber nicht nur schlicht aus anderen Kulturen, sondern zu einem beträchtlichen Teil aus Kulturen, die zu der unsrigen eine große Distanz aufweisen.[101] Häufig gehören sie selbst ihren Überzeugungen, ihren Lebensvorstellungen und ihrem mentalen Habitus nach einer vormodernen Zeit an. Mitunter entstammen sie archaischen Verhältnissen und sind zum Teil religiös fanatisiert. In den klassischen an-

---

100 Vgl. Heiner Rindermann: »Ingenieure auf Realschulniveau«. In: *FOCUS*, Nr. 43/2015. Siehe zudem ders.: »Ein Hintergrundgespräch zum Migrationsartikel im Focus«, 3 Dezember 2015. In: https://www.tu-chemnitz.de/hsw/psychologie/professuren/entwpsy/team/rindermann/pdfs/HintergrundFocusRindermann.pdf.

101 Zur Messung der kulturellen Distanz wird beispielsweise der Abstand zwischen den Sprachen auf einem globalen Sprachenstammbaum verwendet (siehe P. Collier, *Exodus* [FN 7], S. 83 f.).

gelsächsisch geprägten Einwanderungsländern, den USA, Kanada, Australien und Neuseeland, hätten die meisten keine Chance, aufgenommen zu werden. Ob und, wenn ja, mit welcher Geschwindigkeit und in welchem Umfang sie in der Lage sein werden, sich das »kulturelle Kapital« ihres Aufnahmelandes individuell anzueignen, ist eine offene, eine alarmierende Frage.[102] Die bisherigen Erfahrungen gemahnen jedenfalls zur Skepsis, und diese Skepsis verschärft sich angesichts der schieren Zahl von Immigranten und des mutmaßlichen Familiennachzugs.

Aus der Migrationsforschung weiß man, dass Einwanderung für die Aufnahmegesellschaft grundsätzlich ambivalent ist. Wir haben es mit Auswirkungen unterschiedlicher Art – etwa ökonomischen und sozialen – zu tun; die Auswirkungen schlagen sich in den Schichten der Gesellschaft unterschiedlich nieder, und selbst innerhalb der Schichten gibt es Gewinner und Verlierer. Zwar lässt sich die Gesamtwirkung, selbst die Gesamtwirkung auf einzelne Gruppen der Bevölkerung, nur schwer bestimmen, es zeigt sich aber, dass für die bedürftigste Schicht der einheimischen Bevölkerung der Nettoeffekt der Einwanderung häufig negativ ist.[103] Man kann sich leicht ausrechnen, was dies für das Konfliktpotenzial einer Gesellschaft und die »Kultur« der Austragung von Konflikten bedeutet.

In dem Maße, wie die Integrationspotenziale der Aufnahmegesellschaft ausgeschöpft sind und sozial-

---

102 Vgl. Rolf Peter Sieferle: Deutschland, Schlaraffenland. Auf dem Weg in die multitribale Gesellschaft. In: TUMULT, Winter 2015/2016, S. 23–28, hier S. 27 f.

103 Vgl. P. Collier, *Exodus* (FN 7), S. 30.

staatliche Leistungen zurückgefahren werden, werden immer mehr Immigranten unter sich bleiben und sich ethnisch separieren. Sie werden, wie schon heute zu beobachten, Konflikte intern in Parallelgesellschaften lösen und damit das Gewaltmonopol des Staates in Frage stellen. Polizei und Justiz werden nicht mehr die Macht haben, im ganzen Land für Sicherheit zu sorgen. Neue Mächte werden mafiose Strukturen etablieren und immer dreister mit den Methoden der Einschüchterung und Schutzgelderpressung auch die autochthone Bevölkerung unter Druck setzen. Man wird sich mit Gewalt holen, was man durch Arbeit nicht erreichen kann. Statt Integration wird gesellschaftlicher Zerfall stattfinden.[104] Korruption und Klientelismus werden in die Gesellschaft zurückkehren und allmählich jene rechtsstaatlichen Voraussetzungen zerstören, die das Erfolgsgeheimnis des europäischen Entwicklungsmodells maßgeblich ausmachen – ein Rechtssystem, in dem jeder vor dem Gesetz gleich ist, und eine bürokratisch geordnete Verwaltung, die für Rechtssicherheit und Effizienz sorgt.

In dem Maße, in dem der Staat seine Funktionen nicht mehr, nicht mehr in der herkömmlichen Qualität oder nicht mehr auf seinem gesamten Territorium auszuüben vermag, werden Lebensbedingungen neu geordnet. Es wird das Gefühl schwinden, sich arglos im öffentlichen Raum bewegen zu können. Die gefühlte Sicherheit wird rapide sinken. Sowohl der Einzelne als auch der Staat werden wachsende Summen für die Sicherheit ausge-

104 Siehe etwa »Zeitbomben in den Vorstädten«. In: *Der Spiegel*, Heft 16/1997, S. 78–93.

ben – Geld, das für Investitionen nicht mehr zur Verfügung steht. Die Idee des schlanken Staates muss korrigiert werden. Die Themen »Ordnung« und »Sicherheit« werden eine neue Bedeutung erlangen. Die Polizei wird im öffentlichen Raum wieder mehr Präsenz zeigen müssen.

Ein aggressives Auftreten von Halbstarken erzeugt nicht nur Angst unter der Bevölkerung, sondern auch Missstimmung und Ablehnung. Das Vertrauen in die Friedlichkeit des unbekannten Passanten wird unwiederbringlich abhandenkommen. Wer beim Stadtbummel regelmäßig befürchten muss, einer im Wege stehenden Ansammlung leicht erregbarer junger Männer nicht genügend Respekt zu zollen, entfremdet sich vom eigenen Staat. Der Staat hat, soll er anerkannt werden, Friedensgarant zu sein – nicht nur nach außen, sondern auch im Inneren. Dafür sind wir bereit, ein Stück unserer Freiheit zu opfern. Je berechtigter jedoch die Sorge wird, etwa von organisierten Diebesbanden heimgesucht zu werden, in umso geringerem Maße kommt der Staat seiner Schutzfunktion nach – und in demselben Maße sinkt auch die Bereitschaft, das Recht auf Verteidigung primär an ihn zu delegieren. Bürgerwehren entstehen, und private Sicherheitsdienste haben Konjunktur. Selbstjustiz greift um sich. Das Bürgertum separiert sich in eigenen Wohngebieten und überlässt ganze Stadtviertel sich selbst. Die Auflösung des Staates gewinnt eine Eigendynamik.

Eine Massenimmigration verursacht Kosten unterschiedlicher Art. Dies geht zu Lasten der Effizienz und Stabilität des Gesamtsystems. Am spürbarsten aber wird es den ärmeren Teil der Bevölkerung treffen. Während die finanziell Bessergestellten Ausweichmöglichkeiten haben und unter ihresgleichen bleiben, konkurrieren die Armen mit den Migranten um Arbeitsplätze und knappen Wohnraum.[105]

---

[105] Vgl. dazu Horst Afheldt: »Europa vor dem Ansturm der Armen. Ist der liberale Sozialstaat noch zu retten?« In: *Süddeutsche Zeitung* vom 10./11. Oktober 1992.

3. Demographischer Niedergang

Sind dies unrealistische Horrorszenarien? Werden hier nicht Bedrohungen konstruiert und maßlos übertrieben? Ich fürchte: Nein. Sollen hier nicht Ängste erzeugt werden, um eine bestimmte politische Botschaft plausibel zu machen? Auch diese Frage ist zu verneinen. Vermutlich wünscht sich niemand mehr als der Autor selbst, dass er sich täuscht. Allerdings wurden die zentralen Probleme, mit denen Deutschland und nahezu alle europäischen Länder ohnehin konfrontiert sind, noch gar nicht angesprochen.

Deutschland hat eine schrumpfende und alternde Bevölkerung. Bei einer unterstellten Fertilität von 1,25 Lebendgeborenen pro Frau, einer angenommenen Lebenserwartung von 81 Jahren bei den Männern sowie 87 Jahren bei den Frauen und einem Wanderungssaldo von Null würden im Jahre 2050 in Deutschland noch 50,7 Millionen und im Jahre 2100 noch 22,4 Millionen Menschen leben.[106] Geht man von 1,4 Geburten je Frau und einem positiven Wanderungssaldo von 200 000 pro Jahr aus, betrüge die Bevölkerungszahl im Jahre 2050 73,6 Millionen.[107] Auch dies wäre gegenüber 2010 immer noch ein Verlust von 7,9 Millionen Menschen. Um die Einwohnerzahl Deutschlands bei einer Fertilitätsrate

---

[106] Vgl. Herwig Birg: Demographisches Wissen und politische Verantwortung. Überlegungen zur Bevölkerungsentwicklung Deutschlands im 21. Jahrhundert. In: Zeitschrift für Bevölkerungswissenschaft, 23 (1998) 3, S. 221–251, hier S. 227–229.

[107] Vgl. Christoph M. Schmidt: Der demografische Wandel als große Herausforderung für Wirtschaft und Gesellschaft. In: Franz-Xaver Kaufmann/Walter Krämer (Hrsg.): *Die demografische Zeitbombe. Fakten und Folgen des Geburtendefizits.* Paderborn 2015, S. 39–79, hier S. 43.

von 1,4 konstant zu halten, bedürfte es einer jährlichen Netto-Zuwanderung von mindestens 350 000. Auch damit jedoch wäre die Alterung der Bevölkerung nicht aufgehalten.[108]

In dieser schrumpfenden und alternden Bevölkerung haben die bildungsschwachen und ökonomisch weniger erfolgreichen Schichten die meisten Kinder.[109] Damit geht ein Sinken der durchschnittlichen Intelligenz und der Bildungsfähigkeit einher. Eine wachsende bildungsferne Unterschicht lebt von sozialstaatlichen Transferzahlungen. Die deutsche Sozialpolitik sorgt mit ihren Anreizen dafür, dass immer mehr Kinder in Hartz-IV-Haushalten geboren werden.[110] Unter den Bedingungen einer schrumpfenden Bevölkerung und einer dünner werdenden Decke an Ingenieuren und Facharbeitern wird es für deutsche Unternehmen schwieriger werden, im außereuropäischen Wettbewerb technologische Vorsprünge zu halten. Deutschland wird im Vergleich zu aufstrebenden Staaten ökonomisch zurückfallen. Dies hat Konsequenzen für die Ausgestaltung des Sozialstaats. Mit den sinkenden Möglichkeiten gewinnen die Verteilungskämpfe an Schärfe.

---

108 Vgl. ebd., S. 49. – Nach Angaben Herwig Birgs wäre bei einer angenommenen Geburtenzahl pro Frau von 1,4 ab 2035–40 ein jährlicher Wanderungssaldo von 600 000 bis 700 000 erforderlich, um die Bevölkerungszahl in Deutschland konstant zu halten (vgl. H. Birg, Demographisches Wissen und politische Verantwortung [FN 106], S. 234).

109 Vgl. Gunnar Heinsohn, »Sozialhilfe auf fünf Jahre begrenzen«. In: *Frankfurter Allgemeine Zeitung* vom 16. März 2010; Th. Sarrazin, *Deutschland schafft sich ab* (FN 59), S. 347, 373, sowie M. Ley, *Die kommende Revolte* (FN 73), S. 97–103.

110 Vgl. Gunnar Heinsohn, »Gefährliches Wachstum. Immer mehr Hartz-IV-Kinder«. In: *Frankfurter Allgemeine Zeitung* vom 31. Mai 2010, S. 30.

Die gegenwärtige Einwanderung führt zu einer relativ geringfügigen Verjüngung der Bevölkerung – ohne allerdings die Überalterung prinzipiell aufhalten zu können.[111] Ansonsten werden alle diese Trends verschärft. Das durchschnittliche Bildungsniveau wird sinken und das theoretisch zur Verfügung stehende Arbeitsvermögen nur zum Teil ökonomisch nutzbar sein. Die gegenwärtige Form der Einwanderung war schon vor Beginn der Flüchtlingskrise eine überproportionale Einwanderung in die sozialen Sicherungssysteme. Bei einem Ausländeranteil in Deutschland von 7,3 Prozent machte diese Personengruppe 25 Prozent der Sozialhilfeempfänger und 18 Prozent der Hartz-IV-Empfänger aus.[112] Speziell die muslimischen Migranten in Deutschland weisen eine deutlich unterdurchschnittliche Erwerbsbeteiligung auf. Von ihnen leben relativ zur Erwerbsbevölkerung viermal so viele Menschen von Arbeitslosengeld und Hartz IV wie bei der einheimischen deutschen Bevölkerung.[113]

Auch in anderen europäischen Ländern ist die Arbeitsmarktpartizipation von Einwanderern im Vergleich zu Einheimischen unterrepräsentiert. Menschen mit Migrationshintergrund sind überall in Europa öfter arbeitslos, nicht berufstätig oder in Jobs mit geringerem

---

111 Vgl. H. Birg, *Die alternde Republik und das Versagen der Politik* (FN 74), S. 99 f.
112 Hans-Werner Sinn, zit. nach: Philip Plickert, »Ifo-Chef Sinn notfalls für nationale Grenzkontrollen«. In: *Frankfurter Allgemeine Zeitung* vom 1. März 2016. – Zum Bildungsniveau und zur Erwerbsbeteiligung der migrantischen Bevölkerung Deutschlands siehe H. Birg, *Die alternde Republik und das Versagen der Politik* (FN 74), S. 114–119.
113 Vgl. Th. Sarrazin, *Deutschland schafft sich ab* (FN 59), S. 282.

Status und Einkommen beschäftigt. Unter den Migranten wiederum zählen in allen europäischen Ländern Muslime zu den Schlusslichtern auf dem Arbeitsmarkt.[114] Die Ursachen dafür sind nur zu einem geringen Teil in Arbeitgeberdiskriminierung, sondern vielmehr in Faktoren zu suchen, die den Grad der soziokulturellen Assimilation beschreiben: Sprachkenntnisse, interethnische Kontakte sowie Geschlechterrollenverständnisse.[115] Gerade was diese Faktoren anlangt, schneiden Muslime besonders schlecht ab.

Zudem zieht der deutsche Sozialstaat eine »negative Auslese von Zuwanderern« an.[116] Hochqualifizierte suchen ihr Heil, schon aufgrund der Sprachbarriere, eher in den USA als in Deutschland. Warum auch sollten sie sich an der Finanzierung sozialer Sicherungssysteme beteiligen, die trotz Einwanderung auf dem gegenwärtigen Niveau nicht zu stabilisieren sind? Kinderreiche arabische Clans hingegen »bereichern« die Großstädte Westdeutschlands.[117] Das deutsche Sozialsystem setzt

114 So Ruud Koopmans: Auch Kultur prägt Arbeitsmarkterfolg. Was für die Integration von Muslimen wichtig ist. In: WZB-Mitteilungen, Heft 151/ März 2016, S. 14–17, hier S. 14. – Die Arbeitslosenquote von Ausländern ist in der Bundesrepublik seit dem Beginn des Anstiegs der Arbeitslosenzahlen zu Beginn der 70er Jahre überdurchschnittlich hoch (vgl. Ulrich Mammey: 35 Jahre Ausländer in der Bundesrepublik Deutschland – die demographische Entwicklung. In: Charlotte Höhn/Detlev B. Rein (Hrsg.): *Ausländer in der Bundesrepublik Deutschland. Deutsche Gesellschaft für Bevölkerungswissenschaft, 24. Arbeitstagung*. Boppard am Rein 1990, S. 55–82, hier S. 58 f.).

115 Vgl. R. Koopmans, Auch Kultur prägt Arbeitsmarkterfolg (FN 114), S. 17.

116 Th. Sarrazin, *Deutschland schafft sich ab* (FN 59), S. 323. Siehe auch Franz Xaver Kaufmann: Gesellschaftliche Folgen des Bevölkerungsrückgangs. In: F.-X. Kaufmann/W. Krämer (Hrsg.), *Die demografische Zeitbombe* (FN 107), S. 81–99, hier S. 83.

117 Vgl. Kirsten Heisig: *Das Ende der Geduld. Konsequent gegen jugendliche Gewalttäter*. Freiburg im Breisgau 2010, S. 88–99.

lukrative Prämien auf Fruchtbarkeit aus und befördert das Wachstum einer vornehmlich muslimischen
Unterschicht.[118]

---

[118] Vgl. Th. Sarrazin, *Deutschland schafft sich ab* (FN 59), S. 323.

4. Illusionäre Erwartungen

Der Zustrom von Einwanderern im arbeitsfähigen Alter, so hofft man, wird zusätzliche Arbeitskräfte ins Land bringen und damit die demographischen Probleme zu beherrschen helfen. Um aber die Bevölkerungszahl und das Erwerbspersonenpotenzial in Deutschland konstant zu halten,[119] wäre ein Nettozugang einer solchen Masse von Einwanderern notwendig, die nicht integrierbar sein dürfte. Deshalb hält der Bevölkerungswissenschaftler Herwig Birg eine Bevölkerungsschrumpfung bei gleichzeitigen niedrigeren Einwanderungsüberschüssen für die vernünftigere Alternative.[120]

Diese Überlegung gewinnt an Relevanz angesichts der Struktur der aktuellen Einwanderung: Migranten aus nichteuropäischen Ländern sind häufig schlecht ausgebildet. Zudem senken hohe Sozialleistungen die Anreize, selbst zu arbeiten, und verlangsamen die Integration. Außerdem bringen viele Migranten aus einkommensschwachen Ländern ihre Verwandten mit. In der Debatte um den vermeintlichen Nutzen von Einwanderung werden diese Gesichtspunkte nicht angemessen gewürdigt. Wie die Erfahrungen

---

119 Den Angaben von Franz-Xaver Kaufmann zufolge bedürfte es etwa ab 2015 eines jährlichen Zuwanderungssaldos von 400 000 bis 500 000 Personen, um das Potenzial an Erwerbspersonen in Deutschland zu stabilisieren. Da erfahrungsgemäß nur jeder dritte Einwanderer in Deutschland sesshaft wird, bedürfte es einer jährlichen Brutto-Zuwanderung von 1,2 bis 1,5 Millionen Personen – eine, wie Kaufmann hinzusetzt, »illusorische Größe mit zudem vermutlich brisanten Nebenwirkungen« (F.-X. Kaufmann, Gesellschaftliche Folgen des Bevölkerungsrückgangs [FN 116], S. 82 f.).

120 Vgl. H. Birg, Demographisches Wissen und politische Verantwortung (FN 106), S. 234, 237.

zeigen, besteht nämlich, so Paul Collier, »nicht der geringste Grund anzunehmen, Einwanderer würden den Abhängigkeitsquotienten« (das ist »die Zahl derjenigen, die von einer Person im arbeitsfähigen Alter abhängig sind«) »auch nur zeitweise verringern«.[121] Man wird daher die Skepsis von Václav Klaus und Jiří Weigl teilen, die für eine *Massen*einwanderung nach Europa keine ökonomische Rechtfertigung sehen. Weder ein vermeintlicher Mangel an Arbeitskräften noch die demographischen Entwicklungen liefern dafür belastbare Argumente.[122]

Noch vor wenigen Jahren galt es als eine gesicherte Erkenntnis, dass uns aufgrund des technischen Wandels, insbesondere der Automatisierung und Rationalisierung, »die Arbeit ausgeht«. Auch damals waren die demographischen Entwicklungen vollständig absehbar. Heute gilt es als ebenso unbestreitbar, dass der deutschen Wirtschaft schon in naher Zukunft Massen von Arbeitskräften, von Fachkräften, fehlen werden und deshalb Einwanderung unverzichtbar ist. Die Geschwindigkeit, mit der manche politischen Kräfte ihre Argumente ändern, macht stutzig. Jedenfalls: Waren wir vor hundert Jahren ein »Volk ohne Raum«, beschreiben wir uns heute als ein Volk ohne genügend Bevölkerung. Dabei ist Deutschland noch immer eines der am dichtesten besiedelten Flächenländer. Auch gibt es keinen Grund, dass die Bevölkerungszahl in Deutschland, und dasselbe gilt für Europa, konstant bleiben muss. Die Probleme, die aus einem zahlen-

---

121 P. Collier, *Exodus* (FN 7), S. 132, 134.

122 Vgl. Václav Klaus/Jiří Weigl: *Völkerwanderung. Kurze Erläuterung der aktuellen Migrationskrise.* Waltrop und Leipzig 2016, S. 63 ff.

mäßigen Rückgang der Bevölkerung resultieren, dürften eher beherrschbar sein als die, die man sich mit einer Masseneinwanderung einhandelt – selbst wenn diese nur bestandserhaltend ausfiele.

Aber wie dem auch sei: Von Einwanderern ist – trotz anderslautender Einlassungen von Unternehmerverbänden, Ökonomen[123] und Wirtschaftsjournalisten[124] – nicht zu erwarten, dass sie die ökonomischen Probleme eines Landes lösen können. Dies gilt speziell für die Form der bisherigen und derzeitigen Einwanderung nach Deutschland. Bisher dauerte es sieben Jahre, bis die Hälfte und 15 Jahre, bis etwa 70 Prozent der Immigranten einen Arbeitsplatz gefunden hatten. Nach Berechnungen werden die derzeitigen Flüchtlinge über ihre gesamte Lebensdauer den deutschen Staat voraussichtlich deutlich mehr kosten, als sie an Beiträgen einzahlen können.[125] Aber werden nicht deren Kinder ein Segen für Deutschland sein? Bisher weiß man nur: Die schulischen Leistungen der in Deutschland geborenen Kinder der ersten Einwanderergenerationen sind trotz der Förderung durch das deutsche Bildungssystem deutlich schlechter als die der altdeutschen Kinder.[126]

---

123 Siehe etwa David Folkerts-Landau: »Lasst sie kommen!«. In: *Zeit Online* vom 15. Oktober 2015 (http://www.zeit.de/2015/42/fluechtlinge-zuwanderung-deutschland-integration-vorteile).

124 Siehe etwa Henrik Müller: »Zuwanderung: Osteuropas vertane Chance«. In: *Spiegel Online* vom 6. September 2015 (www.spiegel.de/wirtschaft/soziales/fluechtlinge-osteuropa-braucht-dringend-zuwanderer-a-1051598.html).

125 Vgl. Hans-Werner Sinn, zit. nach: Ph. Plickert, »Ifo-Chef Sinn notfalls für nationale Grenzkontrollen« (FN 112).

126 Vgl. Gunnar Heinsohn: »Das Fiasko der Migrantenkinder«. In: *FAZ Online* vom 5. Oktober 2015 (www.faz.net/aktuell/wirtschaft/menschen-wirtschaft/gastbeitrag-werden-fluechtlinge-die-deutsche-wirtschaft-retten-13838509.html).

Die frohe Botschaft der Anhänger der »Willkommenskultur«, die Einwanderer würden Deutschlands Wirtschaft retten und die Renten für Deutschlands alternde
Bevölkerung sichern, ist aller Voraussicht nach falsch.[127]
Die Migranten werden im Laufe ihres Lebens dem
Staat mehr kosten, als sie ihm einbringen. Aufgrund
ihrer unterdurchschnittlichen Qualifikation und ihres unterdurchschnittlichen Verdienstes wäre dies
selbst dann der Fall, wenn ihre Erwerbstätigkeit dem
Durchschnittsniveau entspräche. Dies ist die zwingende Konsequenz in einem Sozialstaat, der von den
überdurchschnittlich Verdienenden zu den unterdurchschnittlich Verdienenden umverteilt.[128]
Durch die Einwanderung einer bildungsfernen Bevölkerung droht Deutschland ein »Kulturabbruch«, der
für Generationen ein irreversibler Vorgang sein wird.[129]
Dabei werden nicht alle Schichten der einheimischen
Bevölkerung die negativen Effekte (Verlust an wirtschaftlicher Dynamik, Anstieg der Mietpreise, steigende Konkurrenz um Sozialwohnungen etc.) gleichmä
ßig zu tragen haben. Teile der deutschen Bevölkerung
werden relativ verarmen. Dies wird Konflikte verschärfen, und das gesellschaftliche Klima wird rauer werden.
Die Kriminalität wird steigen, Gewaltexzesse könnten

127 Vgl. dazu Hans-Werner Sinn: Das demographische Defizit – die Fakten, die
   Folgen, die Ursachen und die Politikimplikationen. In: ifo Schnelldienst,
   66 (2013) 21, S. 3–23, hier S. 17 f.

128 Vgl. Hans-Werner Sinn: »Warum die Zuwanderung die Staatskasse belastet«.
   In: FAZ.NET vom 2. Januar 2015 (http://faz-archiv-appro-ved.faz.net/
   intranet/biblionet/r_suche/webcgi?START=A20&DOKM=218381_FAZN
   _0&WID=53145-7600546-11331_4).

129 Vgl. H. Birg, Die alternde Republik und das Versagen der Politik (FN 74),
   S. 125.

sich häufen, ja, es ist nicht ausgeschlossen, dass die Gesellschaft mit neuen Formen der kollektiven Begehung von Straftaten konfrontiert wird. Immer mehr Menschen werden den Eindruck gewinnen, dass der Staat sie weder schützen kann noch die moralische Stärke besitzt, die zum Schutz notwendigen Maßnahmen zu ergreifen.

Eine wachsende Zukunftsunsicherheit wird auch die Mittelschichten erfassen. Gut ausgebildete Deutsche werden sich fragen, was sie eigentlich in Deutschland hält – in einem Land, das seine nationale und kulturelle Identität zunehmend verliert und sich in eine multikulturelle Gesellschaft transformiert. Warum sollten junge Menschen, denen die Welt offensteht, eine wachsende Unterschicht mit einem steigenden Ausländeranteil finanzieren und gleichzeitig das Risiko tragen, als Rentner selbst zu verarmen? Prosperierende Einwanderungsländer mit einer scharfen Auswahl der Einwanderer – ganz gleich, wie man zu dieser Politik, die den armen Ländern dringend benötigtes Humankapital entzieht, stehen mag – stellen im Vergleich dazu eine echte Alternative dar. Die gegenwärtige Politik könnte qualifizierte junge Deutsche ins Ausland treiben. Deutschlands Politiker haben Anreizstrukturen geschaffen, die schlecht ausgebildete Ausländer zur Einwanderung in die Sozialsysteme und leistungsfähige Inländer zur Abwanderung animieren. Dass ein solches System nicht nachhaltig sein kann, wird immer mehr Menschen dämmern.

Auf der Basis seiner Forschungen zu Migrationsbewegungen gelangt der Entwicklungsökonom Collier zu folgendem Urteil: »In Wahrheit hat eine *mäßige*

Einwanderung für die einheimische Bevölkerung kurz- und mittelfristig nur geringe ökonomische Folgen, die zumeist in bescheidenem Maß wahrscheinlich sogar positiv sind. Irgendwelche langfristigen Folgen sind vernachlässigbar. Im Gegensatz dazu dürfte eine *anhaltend starke* Einwanderung aufgrund der Lohneffekte wie auch der Notwendigkeit, das öffentliche Kapital zu teilen, den Lebensstandard der meisten Einheimischen senken.«[130] – Dieses Ergebnis zeitigt eine volkswirtschaftliche und gesamtgesellschaftliche Betrachtung. Aus der betriebswirtschaftlichen Sicht eines einzelnen, in aller Regel transnational operierenden Konzerns oder auch eines bestimmten Industriezweiges mögen manche Dinge anders zu beurteilen sein. Nur verfolgen wirtschaftliche Einheiten eigene, partikulare Interessen. Wenn deren Vertreter zu anderen Beurteilungen kommen, ist dies zunächst kein Grund, sich zu wundern.

---

130 P. Collier, *Exodus* (FN 7), S. 140 (Hervorhebung – L. F.); vgl. auch S. 145 ff.

VII.
VORPROGRAMMIERTES
SCHEITERN

1. Ökonomische Abwärtstrends

Aber ist Deutschland nicht ein ökonomisch prosperie-
rendes Land? Haben wir nicht Wirtschaftswachstum?
Haben wir keine permanent steigende Produktivität?
Doch! All dies ist der Fall. Der jährliche Anstieg der
Arbeitsproduktivität sinkt allerdings in Deutschland
(wie auch in anderen Industrieländern) seit vielen
Jahren und nähert sich im langfristigen Trend seit den
70er Jahren asymptotisch dem Wert von einem Prozent;
er könnte sich nach vorsichtigen Schätzungen bei 1,25
Prozent einpendeln.[131] Solche Simulationen unterstel-
len allerdings, dass die Agilität und die Innovationskraft
der wirtschaftlichen Akteure erhalten bleiben. Ob dies
der Fall sein wird, hängt wiederum von einer Reihe
von Faktoren ab – etwa vom Gelingen der erforderlichen Bildungs- und Innovationspolitik, vom Erhalt
der Wettbewerbsfähigkeit des Wirtschaftsstandorts
Deutschland, vom Renteneintrittsalter. Die Wettbewerbsfähigkeit einer Wirtschaft ist unter anderem
abhängig von den Energiepreisen, dem Ausbildungs-
niveau der Arbeitnehmer, dem Niveau der Infrastruktur, der Regulierung des Arbeitsmarktes, der Steuer-
belastung oder der politischen Stabilität und entschei-
det letztlich darüber, in welchem Maße in- und aus-
ländisches Kapital am Standort investiert wird. Eine
missratene »Energiewende«, eine Einwanderung ge-
ringqualifizierter Personen, der Mindestlohn oder eine
Demotivierung der wirtschaftlichen Leistungsträger

---

131 Vgl. Th. Sarrazin, *Deutschland schafft sich ab* (FN 59), S. 43–46.

durch eine weitere Umverteilung könnten sich diesbezüglich negativ auswirken.

In der Folge könnte die jährliche Steigerungsrate der Arbeitsproduktivität immer weniger ausreichen, um die ökonomisch negativ zu Buche schlagenden Folgen der beschrieben Abwärtstrends – Abnahme und Alterung der Bevölkerung, Qualifikationsverluste der Erwerbsbevölkerung durch ungesteuerte Einwanderung, steigende Aufwendungen für Integration und Konfliktmanagment u. a. m. – zu kompensieren. Zwar kann es auch in den nächsten Jahren Wirtschaftswachstum geben,[132] inwieweit es aber dauerhaft gelingen wird, die dazu erforderlichen Produktivitätsfortschritte zu generieren, ist eine offene Frage. Forscher rechnen denn auch mit einem Rückgang des jährlichen Wachstumspotenzials der Produktivität von 0,45 bis 0,6 Prozentpunkten, sodass ein Fortbestehen der derzeitigen Steigerungsraten der Arbeitsproduktivität der jüngeren Vergangenheit (1,5 Prozent) als eine »optimistische Annahme« gilt.[133]

Somit ist fraglich, ob Deutschland seine ohnehin schon dürftige wirtschaftliche Dynamik wird aufrechterhalten können. Sie wird heute maßgeblich getragen von Kohorten, denen in 15 bis 20 Jahren aufgrund des demographischen Defizits keine Kohorten von gleicher Größe nachfolgen werden.[134] Ohne Ostdeutschland – das sich allerdings dem westdeutschen Niveau annähert – wäre

---

132 Vgl. Ch. M. Schmidt, Der demografische Wandel als große Herausforderung für Wirtschaft und Gesellschaft (FN 107), S. 60 ff.

133 F.-X. Kaufmann, Gesellschaftliche Folgen des Bevölkerungsrückgangs (FN 116), S. 89.

134 Vgl. H.-W. Sinn, Das demographische Defizit (FN 127), S. 6, 9 f.

die Bundesrepublik wahrscheinlich das Land mit dem höchsten Anteil kinderloser Frauen in Europa, wobei Kinderlosigkeit bei Frauen mit Hochschulabschluss (immer noch) weiter verbreitet ist als bei weniger qualifizierten.[135] Berücksichtigt man zudem, dass fehlendes Humanvermögen durch Sachkapital nicht ausreichend substituierbar ist, ist auch ein zukünftiges Sinken des Pro-Kopf-Einkommens nicht ausgeschlossen.[136] Es ist eine »Kombination aus sinkender Produktivität, wachsender Versorgungslast und nicht mehr tolerierbarem Umverteilungsdruck«, aus der sich, so der Wirtschafts- und Sozialstatistiker Walter Krämer, ein »explosives Gemisch« ergibt, »das auch stabilere Gesellschaften als die deutsche sprengen kann«.[137] Schon heute sind Auswirkungen auf die Stabilität der sozialen Sicherungssysteme absehbar. Um deren Leistungsfähigkeit garantieren zu können, wäre ein Wirtschaftswachstum vonnöten, das zu erzeugen nicht möglich sein wird.[138] Zu erwarten sind eine Intensivierung der Verteilungskonflikte, eine Zunahme der Altersarmut und des sogenannten Pflegenotstands.[139]

Unter Berücksichtigung der Bedeutung des Humankapitals und der Tatsache einer stagnierenden oder gar

135 Vgl. Michaela Kreyenfeld: Die Geburten- und Familienentwicklung in Deutschland. In: F.-X. Kaufmann/W. Krämer (Hrsg.), *Die demografische Zeitbombe* (FN 107), S. 19–37, hier S. 24, 28.

136 Vgl. dazu auch Vgl. F.-X. Kaufmann, Gesellschaftliche Folgen des Bevölkerungsrückgangs (FN 116), S. 90, 96.

137 Walter Krämer: Fazit und Ausblick. In: F.-X. Kaufmann/W. Krämer (Hrsg.), *Die demografische Zeitbombe* (FN 107), S. 195–203, hier S. 195.

138 Vgl. Ch. M. Schmidt, Der demografische Wandel als große Herausforderung für Wirtschaft und Gesellschaft (FN 107), S. 40.

139 Vgl. F.-X. Kaufmann, Gesellschaftliche Folgen des Bevölkerungsrückgangs (FN 116), S. 91 f.

rückläufigen Erwerbsbevölkerung wird, so Franz-Xaver Kaufmann, deutlich, »dass es Deutschland nur mit ganz außergewöhnlichen Bildungsanstrengungen und besonderer Förderung der bildungsfernen Schichten sowie einer auf Gewinnung qualifizierter Einwanderer gerichteten Migrationspolitik gelingen könnte, den Nachwuchsmangel in etwa auszugleichen und sich in der internationalen Standortkonkurrenz zu behaupten«[140]. Man sollte aber auch wissen, dass die Länder Süd- und Osteuropas eine kaum günstigere Bevölkerungsentwicklung aufweisen als Deutschland, sodass das Arbeitskräfteangebot aus diesen Regionen – trotz eines derzeitigen Millionenheeres von arbeitslosen Jugendlichen in Südeuropa – allmählich versiegen wird. Zuwanderung aus Europa kann langfristig unter diesen Voraussetzungen kaum noch erwartet werden.[141]

Aber was eigentlich berechtigt uns zu der Hoffnung, dass gerade eine alternde Bevölkerung, die sich seit Jahrzehnten nicht mehr zu reproduzieren vermag, in der Lage sein wird, die erforderliche Anstrengung, Innovationsfähigkeit und Anpassungsbereitschaft zu erbringen? Mit der zunehmenden Alterung der Bevölkerung wird ein Mentalitätswandel einhergehen – ein Sinken der Risikobereitschaft, ein verstärktes Festhaltenwollen am Hergebrachten. Es könnte durchaus sein, so auch die Vermutung von Kaufmann, dass die Anpassungsfähigkeit einer alternden und schrumpfenden Bevölkerung trotz wachsender Anpassungszwänge sinkt.[142]

140 Ebd., S. 90 (Hervorhebung getilgt).
141 Vgl. ebd., S. 83.
142 Vgl. ebd., S. 94.

2. Inadäquate Reaktionen der Politik

Diese und andere für die Gesellschaft existenziellen Probleme werden in der Öffentlichkeit nicht angemessen diskutiert und von der Politik weitgehend ignoriert. Häufig gelten sie als inexistent, oder sie werden beschwiegen und verharmlost. Bevölkerungspolitische Argumentationen zum Beispiel galten nach dem Ende des Dritten Reiches jahrzehntelang als delegitimiert, sodass die Bevölkerungsentwicklung kein Thema der Sozialwissenschaften werden konnte.[143] Nicht selten begegnet man denjenigen, die auf problematische Entwicklungen und gesellschaftliche Verwerfungen aufmerksam machen, mit Unverständnis. Der Politik ist es – mitunter aus wahltaktischen Erwägungen – »nicht möglich«, den Rat von Sachverständigen zu befolgen und die erforderlichen Reformmaßnahmen einzuleiten. So haben die arbeitsmarkt- und vor allem die rentenpolitischen Weichenstellungen des Jahres 2014 den, wie der Vorsitzende des Sachverständigenrates zur Begutachtung der gesamtwirtschaftlichen Entwicklung feststellt, »künftigen Reformbedarf ohne Not weiter erhöht«: »Dabei hat die Politik ökonomischen Rat völlig missachtet.«[144] Und um ein weiteres Beispiel zu nennen: Es ist seit langem bekannt, dass die Aufwendungen für Bildung nicht ausreichen, um das erforderliche Humanvermögen aufzubauen. Bildungspolitik ist je-

---

143 Vgl. F.-X. Kaufmann, Gesellschaftliche Folgen des Bevölkerungsrückgangs (FN 116), S. 81.

144 Ch. M. Schmidt, Der demografische Wandel als große Herausforderung für Wirtschaft und Gesellschaft (FN 107), S. 39.

doch Ländersache, und mit ihr lassen sich keine Wähler mobilisieren.

Wirkliche Probleme – und dazu zählen neben dem demographischen Wandel vor allem die Folgen der Masseneinwanderung – lassen sich nur eine Zeitlang verdrängen und als bloße Fragen der Kommunikation zwischen Politik und Volk behandeln. Werden Defizite und Konflikte allgemein sichtbar, müssen Politiker reagieren. In ihrer Hilflosigkeit überbieten sie sich mit Vorschlägen, deren Untauglichkeit für »den Mann auf der Straße« offensichtlich ist. An manchen Stammtischen dürfte mehr Vernunft herrschen als in der einen oder anderen Parteizentrale. Dass Politiker immer öfter Hohn und Spott ernten, scheint für sie entweder nicht vorhersehbar zu sein, oder es lässt sie gleichgültig. Die »Menschen, die zu uns kommen«, so heißt es, sollen ein Integrationsversprechen abgeben. Dies erinnert an den utopischen Sozialisten Saint-Simon, in dessen neuer Gesellschaft jede einzelne Person »das Glaubensbekenntnis« ablegen sollte, »sie habe die Absicht, die Interessen der Mehrheit der Nation gegenüber allen besonderen Interessen zu verteidigen«.[145] Vielleicht könnte man Männern auch die Verpflichtung abnehmen, Frauen nicht sexuell zu nötigen. Der Normalbürger ahnt, dass solche Problemlösungsversuche zu nichts führen, der Politiker aber glaubt, Aktivitäten zumindest vortäuschen zu müssen. Die Realisierungsaussichten abzuschätzen ist in die-

---

145 Claude-Henri de Saint-Simon: Katechismus der Industriellen. In: Ders.: *Ausgewählte Schriften. Übersetzt und mit einer Einleitung herausgegeben von Lola Zahn.* Berlin 1977, S. 344–380, hier S. 375.

sem Zusammenhang nicht vorrangig. Wenn die Zeche bezahlt werden muss, ist man längst wiedergewählt, oder man hat die politische Laufbahn beendet.

Enttäuschte Wähler werden sich politisch neu orientieren und Parteien auf den Plan rufen, die zumindest auf Probleme reagieren und vorgeben, sie zu lösen. Das Umdenken und die politische Neuorientierung der Wählerschaft könnten eine Eigendynamik entwickeln, die die politisch korrekten Medien zwar gerade zu verhindern suchen, die aber durch deren Unwahrhaftigkeit und Heuchelei letztlich angefacht wird. Sobald Probleme für jedermann sichtbar und im täglichen Leben spürbar werden, laufen die Bestrebungen jeder geistigen Elite, den Massen ideologisch korrektes Denken beizubringen, ins Leere. Die vormals erfolgreiche Indoktrination entlarvt sich selbst als lächerlich. Einst geachtete intellektuelle und moralische »Instanzen« werden unglaubwürdig. Entstandene Lücken bleiben jedoch nicht dauerhaft verwaist; sie werden gefüllt. Wie und durch wen, lässt sich nicht voraussagen.

Ob das Machtkalkül linker europäischer Parteien, durch eine Beförderung der Einwanderung eine strukturell linke Mehrheit der Wählerschaft zu gewinnen, auch in Deutschland aufgeht, werden die nächsten Bundestagswahlen zeigen.[146] Denkbar ist es auch, dass sich größere ethnische oder religiöse Minderheiten parteipolitisch organisieren. Jedenfalls: Mit einem neu konfigurierten Parteiensystem und einer ethnisch, religiös und sozial neu zusammengesetzten Wählerschaft

---

146 Vgl. Karlheinz Weißmann: *Rubikon. Deutschland vor der Entscheidung.* Berlin 2016, S. 159 f.

werden die erprobten Gleise der Austarierung von Ideen und Interessen verlassen, und auch Deutschland könnte seine gewohnte politische Stabilität einbüßen. Welche Folgen für das Funktionieren der Demokratie sich daraus ergeben, lässt sich nur schwer abschätzen. Es werden keine positiven Folgen sein. Wir steuern in ein Sozialexperiment, an dem man eigentlich nicht teilnehmen möchte.

3. Abstieg als wahrscheinliches Szenario

Die Prozesse, von denen wir sprechen, sind überwiegend langfristig angelegt, und sie verlaufen schleichend. Mit ihren Folgen werden sich im verschärften Maße unsere Enkel und Urenkel auseinanderzusetzen haben.

Wenn die beschriebenen Szenarien in den nächsten Jahrzehnten tatsächlich Wirklichkeit werden sollten, könnte der beispiellose Aufstieg Europas ein Ende finden.[147] In Deutschland und anderen europäischen Ländern sind Prozesse im Gange, die massive gesellschaftliche Konflikte heraufbeschwören und politischen Widerstand, ja selbst Unruhen und bürgerkriegsähnliche Zustände wahrscheinlicher werden lassen.[148] In der bereits heute allseits zu beobachtenden verbalen Radikalisierung drücken sich Gefühle des Unmuts und der Überlastung aus.

Vieles hängt davon ab, in welchem Umfang nichtgewünschte Einwanderung anhält, in welchem Tempo sie sich vollzieht und wie sich die Zugewanderten in die Gesellschaft integrieren; entscheidend wird sein, ob kritische Grenzwerte der Belastbarkeit, der Integrationsfähigkeit und des Integrationswillens überschritten werden. Die Gründe für Migration lassen sich weder kurz- noch mittelfristig beseitigen; zudem senken Auslandsgemeinden die Migrationskosten

---

147 Vgl. dazu R. P. Sieferle, Deutschland, Schlaraffenland (FN 102), S. 27 f.

148 Zu den Ursachen von Bürgerkriegen vgl. Paul Collier: *Die unterste Milliarde. Warum die ärmsten Länder scheitern und was man dagegen tun kann.* Bonn 2008, S. 34–44.

für die Einwandernden.[149] Deshalb – aber nicht nur deshalb – entwickeln Wanderungsbewegungen eine Eigendynamik.[150] Eigendynamische Prozesse sind mit den sie hervorbringenden Ursachen beziehungsweise Motiven positiv rückgekoppelt. Das erschwert ihre politische Steuerbarkeit. Umso unverständlicher ist es, wenn die Politik – wie etwa die Kanzlerin mit ihrer Neigung, sich mit einzelnen Migranten ablichten zu lassen – eigendynamische Prozesse ohne Not verstärkt.

Hinzu kommt, dass Massenmigrationen, die sich eigendynamischen Verstärkereffekten verdanken, eine andere Motivationsstruktur aufweisen als die Migration vereinzelter Individuen. Massenbewegungen Hunderttausender Menschen entstehen aus einer »kollektiven Atmosphäre«;[151] der Einzelne oder die einzelne Familie wird mitgerissen von einer allgemeinen Aufbruchstimmung, von den Verheißungen eines neuen Lebens. Sofern die Migration nicht durch das pure Überlebenwollen erzwungen ist, ist das Asylrecht kein geeignetes Instrument, um auf eine solche Kollektivbewegung zu reagieren.

Die Wahrscheinlichkeit, dass die Flüchtlingsströme anhalten, der Familiennachzug nicht unterbunden und Nicht-Asylberechtigte nicht zurückgeführt werden, ist hoch, die Wahrscheinlichkeit, dass die Zugewanderten sich integrieren und längerfristig assimilieren, gering. Verkraftbar wäre eine moderate, von einer breiten Bevölkerungsmehrheit mitgetragene Einwanderung. Vor allem dann, wenn sie auf einer gezielten Auswahl beruh-

149 Vgl. P. Collier, *Exodus* (FN 7), S. 46 f.
150 Vgl. A. Sterbling, *Zuwanderungsschock* (FN 33), S. 33 ff.
151 V. Klaus/J. Weigl, *Völkerwanderung* (FN 122), S. 30 f.

te, könnte mit Gewinnen für die Aufnahmegesellschaft gerechnet werden. Eine ungesteuerte massenhafte Einwanderung hingegen bringt Menschen ins Land, die man im nationalen Eigeninteresse nicht eingeladen hätte und die nur schwer integrierbar sind. Eine Masseneinwanderung stößt schnell an Grenzen der Integrationskapazitäten und ist mit enormen Belastungen für den Staatshaushalt verbunden;[152] sie führt in vielerlei Hinsicht zu radikal negativen Folgen.

Natürlich kann niemand mit Bestimmtheit sagen, was in den kommenden Jahrzehnten passieren wird. Wer weiß schon, ob, in welcher Form und mit welcher Effizienz der Staat sein Gewaltmonopol wird aufrechterhalten und für Sicherheit sorgen können? In der akuten Flüchtlingskrise im Herbst 2015 jedenfalls hat er sich für unzuständig und unfähig erklärt, die Grenzen des Landes zu schützen; schon heute ist er nicht in der Lage, organisierte Raubzüge ausländischer Banden zu unterbinden oder mafiose Strukturen auszutrocknen; er ist außerstande, der Bevölkerung ein angemessenes Sicherheitsgefühl zu verschaffen. – Wer könnte ausschließen, dass jene Prognostiker richtig liegen, die das Ende der westlichen Zivilisation[153] am Horizont erblicken oder weltweite krisenhafte Entwicklungen, das »Große Chaos«, voraussagen und die Zahl der am Ende dieses Jahrhunderts auf der Erde lebenden Menschen auf nur noch zwei Milliarden, gegenüber neun Milliarden um

---

152 Vgl. Hans-Werner Sinn: »Ökonomische Effekte der Migration«. In: *Frankfurter Allgemeine Zeitung* vom 29. Dezember 2014, S. 18.

153 Vgl. Hans-Joachim Hahn/Lutz Simon: *Höllensturz und Hoffnung. Warum unsere Zivilisation zusammenbricht und wie sie sich erneuern kann.* München 2013, S. 18.

2040, beziffern?[154] Sollte die menschliche Zivilisation durch einen solchen Abgrund gehen müssen, würden die Karten neu gemischt. – Wer könnte wirklich prognostizieren, welchen Verlauf der Prozess der Säkularisierung in Europa und der Welt nehmen wird? Gegenwärtig scheint das Pendel zurückzuschlagen. In verschiedenen Teilen der Welt haben fundamentalistische Strömungen Aufwind. Der europäische Protestantismus – der übrigens in den Ländern tonangebend ist, die sich Migranten gegenüber am offensten zeigen – ist nicht repräsentativ für die gesamte Christenheit. Wer aber kann sagen, ob es sich bei dieser Refundamentalisierung des religiösen Denkens und Empfindens tatsächlich nur um einen zeitweiligen Pendelausschlag in einem anhaltenden Prozess der Säkularisierung handelt oder um eine dauerhafte Rückkehr zur Normalität? Nur im ersten Falle wäre wohl damit zu rechnen, dass auch Muslime von diesem Prozess einer geistigen Neuorientierung allmählich erfasst werden. Dadurch könnten sich einige der hier artikulierten Ängste auflösen. Muslime könnten Gefallen finden an einer liberalen Gesellschaft mit Grundrechtebindung und ihren Glauben in einer moderaten Form leben. Doch wer kann abschätzen, in welchem Zeitrahmen ein solcher Prozess ablaufen könnte, falls es überhaupt so weit kommen wird? – Auch ist es nicht ausgeschlossen, dass die Integration wider Erwarten gut gelingt und die allermeisten der arbeitsfähigen Migranten sehr bald einer versicherungspflichtigen

154 Vgl. Volkmar Weiss: *Die Intelligenz und ihre Feinde. Aufstieg und Niedergang der Industriegesellschaft.* Graz 2012, S. 480 f. Siehe auch Stephen Emmott: *Zehn Milliarden.* Berlin 2013, bes. S. 197–204.

Beschäftigung nachgehen – und womöglich eine höhere durchschnittliche Produktivität erzielen als die einheimischen Beschäftigten (denn nur dann würde der deutsche Staat *prima facie* von ihnen wirklich profitieren). – Ja es ist sogar möglich, dass viele der Flüchtlinge und Zugewanderten in ihre Heimatländer zurückkehren – nicht zuletzt, um diese wieder aufzubauen. Trotzdem scheint wenig gegen die Annahme zu sprechen, dass der Immigrationsdruck auf Deutschland und Europa in den nächsten Jahren anhält. Und es ist nicht zu sehen, dass Deutschland über die Einwanderung nach seinem Bedarf selbst entscheiden wird. In diesem Falle jedoch werden sich die Abwärtstrends beschleunigt fortsetzen und den Staat allmählich aushöhlen. Sich vorzustellen, was danach droht,[155] bereitet kein Vergnügen. – Aber gerade weil niemand *weiß*, wie sich die Dinge entwickeln werden, ist eine unbeschränkte »Willkommenskultur« unverantwortbar. Und zugleich ist es Pflicht, darüber nachzudenken, wie auf ungewünschte und intolerable Entwicklungen zu reagieren wäre.

Angenommen, und dieses Szenario ist keineswegs aus der Luft gegriffen,[156] außereuropäische Bevölkerungsmassen setzten sich nach Europa in Bewegung: Gilt dann immer noch, dass es nicht in unserer Hand liegt, wie viele zu uns kommen? Oder gilt dann: »Wenn sich ›Afrika‹ in Bewegung setzt, ist der Verteidigungsfall eingetreten«? Man kann darüber diskutieren, ob sich

---

155 Siehe hierzu K. Weißmann, *Rubikon* (FN 146), S. 196–200.

156 Vgl. etwa Stefan Beutelsbacher/Nando Sommerfeldt/Holger Zschäpitz: »Flüchtlinge könnten bald über die ›Kaukasus-Route‹ kommen«. In: *Die Welt* vom 17. März 2016.

»Afrika« in Bewegung setzen wird, aber nicht darüber, dass man sich dann entscheiden muss, ob man eine »Willkommenskultur« pflegen oder die Situation als einen Fall von Notwehr begreifen will. Diese Entscheidung ist dann unausweichlich. Nur, dazu hat man sich in Berlin noch nicht klar und verständlich geäußert.

4. Drohende Selbstzerstörung

Im Jahre 2015 sollen etwa 890 000 Millionen Menschen nach Deutschland eingereist sein, darunter mehr als eine halbe Million junge Männer im Alter von 15 bis 30 Jahren. Ihnen stehen in derselben Altersgruppe lediglich fünf Millionen deutsche Männer gegenüber.[157] Eine anhaltende Einwanderungswelle dieser Dimension würde nicht nur die Identität des deutschen Staatsvolkes einschneidend verändern, sondern den Ruin Deutschlands riskieren. Eine Modellrechnung Thilo Sarrazins ergibt folgendes Bild: Nimmt man an, dass ein Einwanderungsjahrgang durch Nachzug von Familienangehörigen und natürliche Vermehrung innerhalb von 20 Jahren um das Fünffache wächst, ergäben sich bei einer jährlichen Flüchtlingszahl ab 2016 von einer Million folgende Gesamtzahlen für diese Personengruppe: Im Jahre 2020 betrüge die Gesamtzahl 9,4 Millionen, 2030 40,8 Millionen, 2040 89,0 Millionen und im Jahre 2050 134,0 Millionen.[158] Eine solche Entwicklung könnte weder im Interesse Deutschlands noch Europas liegen. Kein Politiker der Welt kann einen solchen Vorgang vor seinem Volk verantworten. Wenn die jährliche Flüchtlingszahl bei 500 000 läge, wüchse diese aus den Flüchtlingen selbst, ihren Nachkommen und dem Familiennachzug bestehende Personengruppe bis zum Jahre 2050 auf 70,0 Millionen; selbst wenn »nur«

157 Vgl. Thilo Sarrazin: »Eine Atempause für Europa«. In: *Frankfurter Allgemeine Zeitung* vom 7. März 2016, S. 7.

158 Vgl. Th. Sarrazin, *Wunschdenken* (FN 51), S. 214.

200 000 Flüchtlinge jährlich kämen, betrüge die Zahl dieser Personengruppe 2050 noch 32,6 Millionen.[159]

Die überwiegende Mehrheit der Herkunftsdeutschen begriffe einen solch radikalen Wandel als Selbstzerstörung – zum Teil befördert und zum Teil zugelassen durch eine realitätsblinde Politik. Es droht eine Eroberung Europas vor allem durch Muslime – und die politische Klasse hat nichts anderes anzubieten als die Hoffnung auf Integration der Eroberer! Eroberer aber kommen, um zu missionieren und zu dominieren. Anpassen sollen sich die anderen, die Ungläubigen.[160]

Aber ist dies nicht viel zu pessimistisch gedacht? Ist nicht vielmehr zu erwarten, dass insbesondere jüngere Menschen sich den in Deutschland herrschenden Üblichkeiten anpassen, den westlichen Lebensstil übernehmen und ihren Glauben in Formen pflegen, die keinen Anstoß erregen? Muss man nicht davon ausgehen, dass es auch Muslimen wichtig sein wird, sich in die moderne Gesellschaft zu integrieren und ein Leben zu führen, das sich in zivilisatorischer Hinsicht von dem eines Deutschstämmigen nicht unterscheidet? Sicherlich, davon ist auszugehen! Aber selbst in diesem günstigsten Fall wären nicht sämtliche kulturellen Unterschiede zwischen Einheimischen und Zugewanderten beseitigt, und die Existenz solcher Unterschiede muss nicht zwangsläufig als eine Bereicherung empfunden werden. Wie wahrscheinlich ist es jedoch, dass dieser günstigste Fall Realität wird? Auch wenn viele sich tatsächlich integrie-

---

159 Vgl. ebd.

160 Für Beispiele siehe etwa Heinz Buschkowsky: *Neukölln ist überall*. Berlin ⁵2012, S. 360 f.

ren wollen, werden es doch bei weitem nicht alle schaffen. Sie scheitern an der Sprachbarriere, an ihrer geringen Qualifizierung – vielleicht, ja sogar wahrscheinlich auch an Diskriminierungen durch die Aufnahmegesellschaft. Sie ziehen sich zurück in ihre eigene Welt, suchen ihr Auskommen in einer Parallelgesellschaft oder werden kriminell. So mancher von ihnen wird aber auch seine Zuflucht in der Religion suchen und sich womöglich radikalisieren. Es wäre dumm, sich damit zu beruhigen, dass die Letzteren stets eine sehr kleine Minderheit sein werden. Auch radikale Minderheiten können ein Land in Schach halten oder das öffentliche Klima vergiften.

Liegt es nicht an uns, der Aufnahmegesellschaft, günstige Bedingungen für eine gelingende Integration zu schaffen? Auch das ist richtig. Aber auch hier stellt sich die Frage, wie wahrscheinlich es ist, dass etwas gelingt – eben die Integration vergleichsweise großer Menschenmassen in einer überschaubaren Zeit –, was noch nie und nirgends gelungen zu sein scheint? Ein solches Gelingen setzte nicht nur voraus, dass viele Menschen ihre xenophobischen Neigungen, die offenbar stammesgeschichtlicher Programmierung entspringen,[161] besser kontrollieren. Es setzte vor allen eine schonungslos offene, tabufreie Analyse aller Faktoren voraus, die die Integration erschweren oder verhindern. Daran aber ist in einer Gesellschaft, in der die Zwänge der Political Correctness die Rationalität der öffentlichen Kommunikation bereits bedrohlich unterminiert haben, nicht einmal ansatzweise zu denken. Ideologische

161 Vgl. I. Eibl-Eibesfeldt, *Wider die Mißtrauensgesellschaft* (FN 89), S. 108 ff.

Vorurteile und Rücksichtnahmen verhindern bereits die Erhebung einer geeigneten Datenbasis, um die tatsächlichen Zustände erfassen, Probleme früh erkennen und präventiv tätig werden zu können.[162] Sowohl in der Politik als auch der Wissenschaft scheut man sich, Konflikte und problematische Sachverhalte offen anzusprechen, weil man »Rassismus«- oder »Islamophobie«-Vorwürfe vermeiden möchte. Die deutsche Gesellschaft ist dank bestehender Denkverbote und daran gekoppelter Sanktionen – jedenfalls in einer medial vermittelten Kommunikation – nicht in der Lage, ihren eigenen Zustand objektiv zu analysieren und über geeignete Problemlösungen ohne Scheuklappen nachzudenken. Ihre ideologische Verbohrtheit hat ein Ausmaß angenommen, das Realitätsblindheit geradezu zwangsläufig nach sich zieht. Sollte man tatsächlich daran glauben, dass unter diesen Voraussetzungen gelingt, was selbst in Einwanderungsländern zufriedenstellend nicht gelungen ist?

---

162 Vgl. Ahmad Mansour: *Generation Allah. Warum wir im Kampf gegen religiösen Extremismus umdenken müssen*. Frankfurt am Main ³2015, S. 234 ff.

VIII.
WAS BEVORSTEHT

1. Krimineller Optimismus

Angesichts dieser Aussichten ist es ein Gebot der Vernunft, Einwanderung streng zu steuern. Alle Einwanderungsländer haben nach einer Phase ungesteuerter Einwanderung diese Konsequenz gezogen. Sie wählen Einwanderungswillige aus, die das Land braucht und die sie für integrierbar halten.

Damit verfahren sie (zumindest auch) nach einem Grundsatz, den der Historiker Hans-Ulrich Wehler schon im Jahre 2002 anmahnte: »Man soll sich nicht freiwillig Sprengstoff ins Land holen«, befand er und fügte in Bezug auf die sich bereits im Land befindenden Muslime hinzu: »Diese muslimische Diaspora ist im Prinzip nicht integrierbar.«[163] In der Tat: Muslime, die ihre Religion ernst nehmen und den religiösen Normen entsprechend leben, können sich nicht wirklich in die deutsche Gesellschaft integrieren. Dies festzustellen ist weder ein Antiislamismus noch ein antimuslimischer Rassismus, sondern eine (wertfreie) Hypothese über die Kompatibilität von islamischen Verhaltensnormen und den Prinzipien eines säkularen Staates.[164]

Der berechtigte Hinweis, dass doch viele Muslime gesetzestreue Bürger und als solche längst Bestandteil der deutschen Gesellschaft geworden sind, kann die artikulierte Sorge nicht zerstreuen: Als Gottes Wort hat der Koran unbedingte Geltung. Soweit Allah Gesetze offen-

---

163 »›Muslime sind nicht integrierbar‹. Interview mit Hans-Ulrich Wehler«. In: *die tageszeitung* vom 10. September 2002.

164 Siehe dazu auch Ufuk Özbe: Kritik der liberalen Auslegung des Islam. In: Aufklärung und Kritik, Sonderdruck zur Ausgabe 1/2016, S. 40.

bart hat, die mit den positiven Gesetzen des säkularen, demokratischen Staates nicht in Übereinstimmung stehen, können Muslime die des Staates nicht anerkennen. Freilich: Der Islam ist vielgestaltig. Bei aller Vielfalt aber bilden Muslime eine zivilisatorische Einheit gegenüber der nichtislamischen Welt.[165] Und ja, es stimmt auch: Nicht jeder Gläubige lebt seinen Glauben in aller Konsequenz. Besonders rigide Verhaltens- und Sanktionsvorschriften werden häufig, vielleicht sogar in aller Regel, nicht beachtet. Trotzdem wäre es fahrlässig, sich damit zu beruhigen. Täglich gehen fundamentalistische »Hassprediger« ihrem Indoktrinierungsgeschäft nach, und selbst in Deutschland werden »Ehrenmorde« vollzogen. Schließlich bleibt es dabei: Das letzte Wort wird für Muslime, die ihren Glauben traditionell leben, immer die Scharia behalten. Sie verkörpert nicht nur das göttliche islamische Recht, sondern ist zugleich die Quelle der Rechtsschöpfung. Nach ihren Regeln haben Muslime das ganze Leben auszurichten. Die Scharia fordert jedoch Verhaltensweisen – etwa dass eine Frau Anweisungen ihres Mannes zu folgen hat –, und sie schreibt Strafen vor – etwa die Kreuzigung bei Abfall vom Islam oder die Steinigung bei Ehebruch –, die mit den im liberalen Westen herrschenden Vorstellungen von der Würde des Menschen nicht zu vereinbaren sind.

Indem der Islam eine Trennung von Religion und Staat ablehnt, ist die Scharia auch für die Politik verbindlich. Das Grundgesetz garantiert jedem die Glaubens-

---

165 Vgl. B. Tibi, *Im Schatten Allahs* (FN 57), S. 77 f.

und Bekenntnisfreiheit (Art. 4 Abs. 1 GG) und die ungestörte Religionsausübung (Art. 4 Abs. 2 GG). Religionsfreiheit kann jedoch nicht bedeuten, dass man nach Grundsätzen der Scharia leben und handeln darf, wenn diese der Rechts- und Verfassungsordnung widersprechen.[166] Aber kann ein gläubiger Muslim sich damit abfinden, dass er seine Religion nur im Rahmen der Gesetze des säkularen Staates ausüben darf? Um diese Religion zu einer Religion wie andere werden zu lassen, wäre eine durchgreifende Entpolitisierung des Islam notwendig.[167]

Fest an die Möglichkeit der Integration zu glauben und ganz und gar auf diese vage Hoffnung zu setzen, trotz aller widersprechenden Erfahrungen – grenzt dies nicht an einen kriminellen Optimismus?[168] Damit Integration gelingt, muss der Einzelne einen komplexen Prozess der Sozialisation durchlaufen – im Falle von erwachsenen Migranten der sogenannten, wesentlich schwerer zu bewältigenden Spätsozialisation. Um ein »funktionsfähiges« Glied der Aufnahmegesellschaft werden zu können, hat der Einzelne nicht nur die Landessprache zu erlernen; er muss das konkrete Werteverständnis und die in der neuen Gesellschaft akzeptierten Wissensbestände verstehen; er muss die herrschenden Orientierungssysteme begreifen und die für die jeweilige Gesellschaft spezifischen Handlungskompetenzen

---

166 Vgl. »›Der Parteienstaat ist die Verfallserscheinung der Republik‹. Im Gespräch mit Karl Albrecht Schachtschneider«. In: Sezession 68, Oktober 2015, S. 26–29, hier S. 27 f.

167 Vgl. Egon Flaig: »›Der Islam will die Welteroberung‹«. In: *Frankfurter Allgemeine Zeitung* vom 15. September 2006, S. 35.

168 Siehe dazu auch V. Klaus/J. Weigl, *Völkerwanderung* (FN 122), S. 47 ff.

erwerben. Das heißt: Er muss Prägungen aus seiner Kindheit über Bord werfen und möglicherweise wesentliche Bestandteile seines Überzeugungssystems zur Disposition stellen. Bei einem Wechsel von einer traditionalen in eine moderne Gesellschaft sowie beim Wechsel in einen anderen Kulturkreis dürften die Schwierigkeiten der Spätsozialisation generell größer sein.[169] Solche Selbstformungsprozesse gelingen nur, wenn dazu der Wille besteht.

Aber werden sich die Kinder und Kindeskinder der Migranten nicht letztlich doch integrieren und einfach Deutsche werden? Traditionell eingestellte Imame beklagen eine »Verdeutschung« der Türken in Deutschland; viele seien mit dem »Virus des ethischen Verfalls« angesteckt; sie wüchsen in einem nichtmuslimischen Umfeld auf, und dies zeige sich in ihrem Verhalten.[170] Werden diese Befürchtungen nicht eines Tages in Erfüllung gehen? Erfahrungen machen hingegen deutlich, dass die Prozesse widersprüchlicher verlaufen als ursprünglich angenommen. Eine partielle Anverwandlung an die Kultur des Aufnahmelandes kann mit Momenten der Distanzierung und Opposition einhergehen. Die Integration ist kein geradliniger Prozess, an dessen Ende notwendigerweise die Assimilation steht.[171]

Wer sich diese Schwierigkeiten vergegenwärtigt, wird mit etwas weniger Optimismus in die deutsche Zukunft blicken: Viele Muslime, insbesondere auch

---

169 Vgl. A. Sterbling, *Zuwanderungsschock* (FN 33), S. 151.

170 Vgl. Rauf Ceylan: *Die Prediger des Islam. Imame – wer sie sind und was sie wirklich wollen.* Bonn 2010, S. 91.

171 Vgl. dazu ebd., S. 92 f.

jüngere, machen keinen Hehl daraus, dass sie jede säkulare Kultur verachten. Laizismus und Irreligiosität sind für sie unmoralisch. Die westliche Kultur ist in ihren Augen dekadent und des Teufels. »Unzüchtig« gekleidete Frauen halten sie für »Huren«, die keinerlei Achtung verdienen und entsprechend behandelt werden dürfen. Ihr Weltbild formt der aus ihrer Heimat geschickte Imam. Obwohl in Deutschland aufgewachsen, leben sie in den Traditionen und mit den Stammesritualen ihrer Herkunftsländer.[172] Gerade in der Fremde verschafft der Islam eine »Ersatzidentität«[173]; er wird zu einer »identitätsstiftenden Größe«[174], zu einem persönlichen Rettungsanker, der als unantastbar gilt. Je intensiver sich Muslime mit ihrer eigenen Kultur identifizieren und je mehr sie von deren Überlegenheit überzeugt sind, umso unwürdiger und verachtenswerter erscheint ihnen die westliche. Hinzu kommt ein im arabischen Raum verbreiteter latenter Antisemitismus. Insider berichten darüber, dass Anschläge auf jüdische Einrichtungen nicht etwa nur von Extremisten, sondern von ganz normalen Jugendlichen regelrecht beklatscht werden.[175] Natürlich gelten diese Zuschreibungen bei weitem nicht für alle Muslime – aber, so scheint es, für eine nicht zu vernachlässigende Menge.

Warum sollte man erwarten, dass, wer so denkt und empfindet, sich wirklich integrieren und ein Deutscher

172 Vgl. dazu Sabatina James: *Scharia in Deutschland Wenn die Gesetze des Islam das Recht brechen.* München 2015, S. 37 f.

173 K. Weißmann, *Rubikon* (FN 146), S. 153.

174 A. Mansour, *Generation Allah* (FN 162), S. 19.

175 Vgl. ebd., S. 9.

werden kann? Was stützt die Hoffnung, dass, wer seine Identität mit dem Islam und seiner islamisch geprägten Herkunftskultur verbindet, durch Aufklärung und Zuspruch eines »Besseren« belehrt werden könnte? Zu befürchten ist: Viele der muslimischen Migranten werden sich in einem halbwegs strengen Sinne nicht integrieren – und zwar unabhängig von den Integrationsanstrengungen der Aufnahmegesellschaft. Sie werden in der deutschen Gesellschaft nicht aufgehen – jedenfalls nicht, bevor sie diese signifikant verändert haben. Die deutsche Gesellschaft sollte sich gut überlegen, wie viel Geld sie in ein aussichtsloses Unterfangen investiert, anstatt wirklich Bedürftigen in den Krisenregionen der Welt beim Überleben zu helfen und gleichzeitig das eigene Land krisenfest zu machen. Wenn die Aktivisten islamisch-fundamentalistischer Gruppen, wie wir heute wissen, häufig gebildet sind, wie können wir dann von einer verstärkten Sozialarbeit Wunder erwarten? Wer sich wirklich integrieren will – und dies zeigen nichtmuslimische Einwanderer zur Genüge –, schafft es, sich zu integrieren, auch ohne dass er von der Aufnahmegesellschaft verhätschelt wird. Die dauerhafte Aufnahme in die Einwanderungsgesellschaft ist stattdessen an die Erfüllung von Pflichten und den effektiven Integrationserfolg zu binden.

Bei aller Unklarheit des Integrationsbegriffs gilt doch: Integration sollte tendenziell auf Assimilierung, auf eine Angleichung in wesentlichen Eigenschaften, zielen – wobei Religion Privatsache bleibt. Der Zugewanderte darf nicht nur objektiv – durch seine berufliche und staatsbürgerliche Existenz – dazuge-

hören; er muss sich auch selbst, also subjektiv, dazu-
gehörig fühlen. Eine erfolgreiche Integration in die
Aufnahmegesellschaft setzt daher immer auch *ein
gewisses Maß* an Assimilation voraus. Sie ist mit einer
Entfremdung vom Herkunftsland verbunden und findet, wenn überhaupt, erst im »Generationenverlauf«
statt.[176] Um aber einen Assimilierungsprozess auf den
Weg zu bringen, ist eine Assimilierungswilligkeit der
Migranten vorausgesetzt.[177]

Sich zu assimilieren ist für Kulturfremde jedoch objektiv schwerer. Je größer die Andersartigkeit der praktischen Lebensumstände sowie der damit verbundenen sozialen Verhaltenserwartungen, umso größer die
erforderliche Anpassungsleistung des Eingewanderten
und die notwendige Integrationsunterstützung durch
die Einwanderungsgesellschaft. Je größer die Zahl der
Zugewanderten aus fremden Kulturkreisen, umso eher
erschöpft sich die Integrationskapazität der Gesellschaft
und umso größer ist die Wahrscheinlichkeit, dass
eine befriedigende Integration bei vielen nicht gelingen wird. Hinzu kommt, dass Integration, so Anton
Sterbling, erfahrungsgemäß meistens nur dann gelingt,
wenn sie nach zwei bis drei Jahren nach der Ankunft der
Zugewanderten in einen »sich selbst tragenden Prozess
der fortschreitenden Integration« mündet. Werden
kritische Schwellenwerte überschritten, ist »eher der
Rückzug in mehr oder weniger abgeschlossene sozio-

---

[176] So Hartmut Esser: Prozesse der Eingliederung von Arbeitsmigranten. In: Ch.
Höhn/D. B. Rein (Hrsg.), Ausländer in der Bundesrepublik Deutschland
(FN 114), S. 33–53, hier S. 49. – Siehe auch A. Sterbling, *Zuwanderungsschock*
(FN 33), S. 41 f.

[177] Vgl. A. Sterbling, *Zuwanderungsschock* (FN 33), S. 148.

kulturelle ›Sondermilieus‹« zu erwarten. Es drohen dann »Gefahren der sozialen Marginalisierung« und »Tendenzen zur sozialen Schließung«, ja, ein Abdriften in den »soziokulturell oder religiös begründeten Fundamentalismus«.[178]

178 Ebd., S. 41 f., 144.

2. Zerstörung der kulturellen Identität

Noch einmal: Die Zukunft ist offen und ungewiss. Niemand kann sagen, was passieren wird. Wir haben nur die Möglichkeit, uns auf beobachtbare Trends und soziale Gesetzmäßigkeiten, auf Erfahrung und Plausibilitäten zu stützen. Die limitierten Voraussagemöglichkeiten hindern uns jedoch nicht, wahrscheinliche Entwicklungsverläufe unter der Voraussetzung zu beschreiben, dass gegenwärtige Trends fortbestehen. Es geht also nicht um Prognosen, sondern um die Simulationen möglicher Verläufe. Von Bedeutung ist dabei der ins Auge gefasste Zeithorizont. Auf der Basis solcher Szenarien können, je nach ihrer Wünschbarkeit, Aufforderungen zum Weitermachen oder zum Umsteuern begründet werden.

Geht man so an die Dinge heran, stellt sich die Frage, ob man tatsächlich glauben soll – die Gefahren, die von islamistischen Terrorgruppen ausgehen, haben wir noch nicht einmal erwähnt –, dass Integration gelingen wird, wenn sich die deutsche Gesellschaft nur gehörig anstrengt? Wenn zu einer »wirklichen Integration« auch die »kulturelle und damit emotionale Identifizierung mit dem neuen Land und seiner Geschichte« gehört[179] – wie vernünftig ist es dann, darauf zu bauen, dass sich Massen von Einwanderern aus dem islamisch geprägten Raum in einer angemessenen Zeit integrieren werden? Abgesehen davon, dass es im Detail durchaus

---

[179] So Johannes Heinrichs: Kulturelle Solidarität – der unbekannte Kern des Migrationsproblems. In: Aufklärung und Kritik, 23 (2016) 1, S. 36–52, hier S. 40 (Hervorhebung getilgt).

unklar ist, was ein Zugewanderter können, welche Sozialkontakte er haben, wie er sich verhalten und was er fühlen muss, damit wir ihn für integriert halten: Die Wahrscheinlichkeit, dass Integration stattfindet, dürfte mit der Größe der Einwanderungsgemeinde sinken. Und dies gilt erst recht für die Wahrscheinlichkeit, dass ein Zugewanderter schlechthin ein Deutscher wird (so wie sich der Durchschnittsbürger von heute einen Deutschen vorstellt), dass er sich also vollständig assimiliert.

Ist es nicht viel vernünftiger, mit der folgenden Möglichkeit zu rechnen? Eine massive islamische Infiltration der deutschen Gesellschaft wird ihre kulturelle Identität zerstören. Und mit der Zerstörung der kulturellen Identität Deutschlands – und dasselbe gilt für andere europäische Staaten – wird seine Innovationskraft und Leistungsfähigkeit erlahmen. Institutionen wie der Rechts- und Sozialstaat, die wir heute für selbstverständlich halten, die es aber keineswegs sind, werden deutlich weniger effektiv und leistungsfähig sein und in Zukunft vielleicht nur noch ein Schattendasein führen. Mit dem Einsickern des Islam und der Scharia werden Grundrechte eingeschränkt und demokratische Spielregeln womöglich unterhöhlt. Nachholende Entwicklungen im Bereich der Wirtschaft oder der Rechtsstaatlichkeit sind unter bestimmten anspruchsvollen Voraussetzungen möglich, aber langwierig, kulturelle Regressionen hingegen nicht unwahrscheinlich. Der ökonomische und zivilisatorische Abstieg ist das wohl wahrscheinlichste Szenario.

Viele Deutsche halten solche Bedenken für überzogen. Wie Daniel Cohn-Bendit und Claus Leggewie glauben sie, dass sich Migration mittel- und langfristig ökonomisch rechnen kann. Was »derzeit am dringendsten von uns verlangt wird«, so meinen Cohn-Bendit und Leggewie, ist: »Vertrauen. Vertrauen, dass der Einwanderungsprozess mittelfristig gelingen wird.« Sie entwerfen eine »konkrete Utopie«, in der die »Integration zur zentralen Aufgabe dieses Landes – in Gegenwart und Zukunft« wird. Und sie entwickeln dieses Vertrauen in das Gelingen der Aufgabe, obwohl sie überzeugt sind, dass mit einer schnellen Beseitigung der Fluchtursachen nicht zu rechnen ist, Deutschland und Europa sich auf die aktuellen Einwanderungsraten auch in den nächsten Jahren und Jahrzehnten einstellen müssen und sich die angekündigte Rückführung von Hunderttausenden als blanke Illusion erweisen wird.[180]

Wäre es angesichts solcher Aussichten nicht dringender, Realitätssinn zu entwickeln, statt auf das »Prinzip Hoffnung« zu setzen und vor dem Massenzustrom einfach zu kapitulieren? Dass wir uns, was zukünftige Entwicklungen anlangt, im Reich der Prognosen und der Ungewissheiten bewegen, ist kein Trost und erst recht kein Anlass zu Tollkühnheiten. Ohne dafür autorisiert zu sein, hat die deutsche Kanzlerin mit ihrer Politik der offenen Grenze ein Großexperiment inszeniert und sowohl die Zukunft des Landes beschädigt als auch die Einheit Europas aufs Spiel gesetzt. Oder muss man nicht gar einem eigentlich undenkbaren Gedanken näher treten: Sollte der Realitätssinn der entscheiden-

180 Daniel Cohn-Bendit/Claus Leggewie: »Wir schaffen das!«: Integration als Großaufgabe. In: Blätter für deutsche und internationale Politik, (2015) 10, S. 5–8, hier S. 5 ff.

den politischen Akteure vielleicht darin bestehen, einen ohnehin nicht mehr aufhaltbaren Prozess des Zerfalls der ethnischen und kulturellen Identität der europäischen Völker lediglich so moderieren zu wollen, dass er, weil von den betroffenen Massen viel zu spät bemerkt, möglichst apathisch hingenommen wird und deshalb weitgehend gewaltfrei bleibt? Ist womöglich die vorauseilende Kapitulation aus einer selbst zugeschriebenen höheren Einsicht der wahre Sinn der Regierungspolitik? Immerhin: Der regierungsseitig geäußerte, im Kern jedoch irrationale Optimismus bezüglich des Gelingens der Integration einer gar nicht absehbaren Menge von Einwanderern hätte auf diese Weise eine Erklärung gefunden, die sein Zurschautragen rational fassbar machte.

3. Landnahme

Von » Masseneinwanderung« könnte man dann sprechen, wenn durch die schiere Menge der Immigranten die Notwendigkeit entsteht, dass sich auch die Einheimischen integrieren – und zwar in die neue, im Zuge der Einwanderung entstehende Gesellschaft.

Spätestens im nächsten Jahrhundert werden die autochthonen Deutschen ihre Bevölkerungsmehrheit an die Zugewanderten und deren Nachkommen verloren haben. Bei einer Regierung, die sich über das Bevölkerungswachstum in der Dritten Welt ausschweigt und Verteilungsquoten in Europa für die Lösung des Problems hält, könnte auch alles schneller gehen. Schon jetzt gibt es relevante migrantische und insbesondere islamische Ballungsgebiete in europäischen Großstädten (Amsterdam, London, Brüssel), in denen die Einheimischen nicht mehr die Bevölkerungsmehrheit von über 50 Prozent stellen, sondern zur größten Minderheit geworden sind. In Deutschland werden diesen Kulminationspunkt Städte wie Frankfurt am Main, Augsburg und Stuttgart als erste erreichen.[181]

Viele Migranten werden sich integrieren, ohne ihre emotionale Verbundenheit mit ihren Herkunftsländern aufzugeben. Dies ist menschlich verständlich. Gespaltene Loyalitäten sind jedoch problematisch. Nicht wenige der nur in einem formalrecht-

---

181 Vgl. K. J. Bade, Von Unworten zu Untaten (FN 38), S. 170. – Siehe auch Jochen Kummer: »Drohen uns Unruhen wie in England?« In: *Welt am Sonntag* vom 3. Juni 2001, S. 6.

lichen Sinne Integrierten werden sich als Diener zweier Herren erweisen. Sie werden nicht nur die Interessen des deutschen Staates und des deutschen Volkes, sondern in besonderem Maße auch die ihrer Herkunftsländer, ihrer Einwanderungsgemeinden sowie ihrer Religionsgemeinschaften vertreten. In wenigen Jahrzehnten könnten viele »formal Integrierte« die Institutionen erobert haben und in den Redaktionen, den Verwaltungen und an den Schalthebeln der Macht sitzen. Das Deutschland, wie wir es heute kennen, könnte dann nicht mehr existieren. Öffentlich artikulierte Angst vor diesen Veränderungen wird bereits heute belächelt oder moralisch inkriminiert. Man meint, die Benennung von Unterschieden zwischen Menschen oder Menschengruppen sei schon eine Form von Diskriminierung. Bei jedem Hinweis auf drohende Gefahren durch Einwanderung wittert man Rassismus.

In Zukunft wird der Mehrheit der Bevölkerung jedes Verständnis für derlei »Ängste« abhandengekommen sein. Wenn in nur wenigen Jahrzehnten die Mehrheit der in Deutschland Lebenden keine autochthonen Deutschen mehr sein werden, werden immer weniger nachvollziehen können, wie man eine »ethnische Überfremdung« mit Sorge betrachten konnte. Ob man dann überhaupt noch mehrheitlich weiß, was verlorengegangen ist, ist fraglich. Zwar dürften nicht wenige der Zugewanderten eine Politik der offenen Grenze kritisch sehen – schließlich wollten sie einst in ein Deutschland, das von Deutschen bewohnt wird –, mit dem »Bevölkerungsaustausch« ändern sich jedoch die herrschenden Wertungen. Ein wachsender Teil der Bevölkerung wird die heutigen Entscheidungen der Politik positiv sehen – denn ansonsten wären sie und ihre Nachkommen nicht hier. Insofern ist schon heute klar, dass die Mahner und Bedenkenträger, die Kritiker der »Willkommenskultur«, die Deppen von morgen sind. Die universalistisch eingestellten Menschenfreunde, deren nicht zu Ende gedachte Moralität sie hindert, Realitäten wahrzunehmen und sich gegenüber den Angehörigen von Kulturen zu behaupten, die nichts so verachten wie einen universalen Humanitarismus, werden dann ausgestorben sein; allerdings werden sie ihren Nachfahren Verhältnisse hinterlassen haben, in denen sie selbst nie hätten leben wollen.

In einem Vielvölkerstaat werden die autochthonen Deutschen eine Bevölkerungsgruppe unter vielen bilden; sie werden eine Kultur unter vielen Kulturen repräsentieren – und alle werden (jedenfalls nach Meinung der Deutschen) gleichberechtigt sein. Das für eine gelingende Integration unverzichtbare Prinzip, Konflikte zwischen den Kulturen zugunsten der Kultur der Aufnahmegesellschaft aufzulösen, wird man für obsolet halten. Es ist möglich, dass Deutsche zunächst auch dann noch Führungspositionen überproportional innehaben. Aber gegen diese Form einer »ethnischen Dominanz« wird man sich zur Wehr setzen – zunächst mit Quotenregelungen oder, im weniger günstigen Fall, mit Einschüchterung, Korruption und Diskriminierung. Für die auf der Hand liegende Erkenntnis wird es dann zu spät sein: »Gestattet ein Volk anderen den Aufbau von Minoritäten im eigenen

Lande, dann tritt es praktisch Land ab und belastet sich innerhalb der eigenen Grenzen mit zwischenethnischer Konkurrenz.«[182]

Sobald diese Verhältnisse manifest geworden sind, gibt es keinen Grund mehr, sich in die deutsche Gesellschaft zu integrieren. In den im Wachsen begriffenen Parallelgesellschaften wird es immer leichter, auch ohne deutsche Sprachkenntnisse gut zu leben. Das Satellitenfernsehen macht es möglich, dass man mit seiner Heimat verbunden bleibt, ja, dass ein neues Stück der alten Heimat in der Fremde entsteht. Für eine wirkliche Integration besteht dann weniger Notwendigkeit, aber auch weniger Möglichkeit. Manche werden sich, wie auch bisher, mit Erfolg in die deutsche Gesellschaft integrieren und ganz normale Mitglieder werden, viele andere aber nicht. Man hat Land genommen und nutzt die vorgefundenen Institutionen, solange sie noch funktionieren, bleibt aber ansonsten, wer man ist. Nicht wenigen der Zugewanderten wird es ohnehin schwerfallen, sich selbst bei vorhandenem Willen wirklich in die bestehende Gesellschaft einzufügen. Ihnen fehlen dafür individuelle Voraussetzungen in Gestalt einer hinreichenden Vorbildung.[183] Zwei Drittel der jungen Syrer können selbst in ihrer Muttersprache nur einfachste Aufgaben lösen und müssen nach internationalen Bildungsstandards, die sich an den notwendigen Fähigkeiten zur Beteiligung an einer modernen Gesellschaft orientieren, als funktio-

182 I. Eibl-Eibesfeldt, *Wider die Mißtrauensgesellschaft* (FN 89), S. 130.
183 Vgl. Julian Staib: »Nicht mal am Horizont ein Ausbildungsplatz«. In: *Frankfurter Allgemeine Zeitung* vom 27. Februar 2016.

nale Analphabeten gelten.[184] Natürlich soll man sie auf
die Schule schicken und alles für ihre Ausbildung tun.
Nur, darauf zu bauen, dass ausgerechnet sie es sein werden, die mit einer hohen Wahrscheinlichkeit in wenigen
Jahren deutsche Ingenieure ersetzen, ist ein derart küh-
ner Gedanke, dass es, um ihn zu fassen, einer gewissen
ideologischen Vorbildung bedarf.

Die Schwierigkeiten, niedrigqualifizierte Einwanderer
in den deutschen Arbeitsmarkt zu integrieren, wachsen mit der Höhe des Mindestlohns und der Hartz-IV-
Regelsätze:[185] Je höher der Mindestlohn, umso schwieriger wird es für Arbeitgeber, unqualifizierte und damit
relativ unproduktive Arbeitnehmer einzustellen; und
je höher ein leistungsloses Einkommen, umso geringer der Anreiz, selbst zu arbeiten. Angesichts dieser
Tatsachen pauschal zu behaupten, dass wir die ins
Land gespülten Menschenmassen in Gestalt einer
»Frischzellenkur« brauchen, dass es in unserem eigenen
Interesse liegt, »die Flüchtlinge« aufzunehmen, und
gerade im vorliegenden Falle »Moral und Realpolitik
zusammengehen«,[186] ist zumindest leichtfertig. Ob man
sich einer solchen Leichtfertigkeit überlässt oder bisherige Erfahrungen mit der Integration nüchtern verrechnet,
hängt weniger von der Kenntnis der Fakten ab – denn
diese sind, was die Flüchtlinge anlangt, einerseits dürf-
tig, andererseits allgemein bekannt –, sondern davon, ob

---

184 Vgl. Ludger Wößmann: Integration durch Bildung. Für eine realistische
   Flüchtlingspolitik. In: Forschung & Lehre, 23 (2016) 1, S. 11–13, hier S. 12.

185 Vgl. Michele Battisti/Gabriel Felbermayr/Panu Poutvaara: Einwanderung:
   Welchen Nutzen hat die einheimische Bevölkerung? In: ifo Schnelldienst,
   68 (2015) 18, S. 3–12, hier S. 10.

186 Marc Beise: *Wir brauchen die Flüchtlinge*. O. O. 2015, S. 21–23.

man die stattfindende Entwicklung hin zu einem »neuen Deutschland« begrüßt oder sie mit Sorge betrachtet. Wer den Gedanken, »Deutschland möglichst so [zu] belassen, wie es ist«, ablehnt und ihn vor allem bei Extremen und Radikalen verortet,[187] freut sich auf ein ganz anderes Deutschland und ist in höherem Maße bereit, die Augen vor den damit verbundenen Risiken zu verschließen. Er wird sich, ganz im Gegenteil, nicht zu schade sein und auch noch das haarsträubendste Argument bemühen, um die Notwendigkeit und Unverzichtbarkeit von Einwanderung dartun zu können. Auch Vertreter der politischen Klasse sind mittlerweile auf diesem Niveau angelangt. Warum glaubt Bundesfinanzminister Wolfgang Schäuble, Abschottung ablehnen zu müssen? Weil sie das ist, »was uns in Inzucht degenerieren ließe«.[188]

Mit wachsendem Ausländeranteil verliert ein Land an Integrationsfähigkeit. Zudem sinkt der Integrationsdruck auf die Zugewanderten, deren Einfluss gleichzeitig wächst. Der autochthone Deutsche wird dann keine Vorrechte mehr im eigenen Land besitzen; er ist, wie jeder Immigrant auch, Mitbürger in einem Land, das vielleicht noch Deutschland heißt, aber von immer weniger Menschen bevölkert wird, die von Deutschen abstammen. Mitbürger mit ausländischen Wurzeln als »Nicht-Deutsche« auch nur wahrzunehmen oder anzusprechen wird man als einen Akt der Diskriminierung, ja als Rassismus betrachten. Der angestammten Bevölkerung

187 Ebd., S. 18.

188 Wolfgang Schäuble, zit. nach: »Abschottung würde Europa in Inzucht degenerieren lassen«. In: *FAZ Online* vom 8. Juni 2016 (http://www.faz.net/-gpf-8hzb2).

wird ihr Land allmählich entgleiten; immer häufiger wird sie das Gefühl überkommen, dass ihre Heimat verloren gegangen ist. Spätestens dann wird die Zeit angebrochen sein, in der sich Deutsche im eigenen Land zu integrieren haben.

Die multikulturelle Gesellschaft wird keine Gesellschaft sein, in der die Angehörigen der verschiedenen Kulturen fröhlich und durchmischt zusammenleben und sich wechselseitig bereichern. Sie wird sich auch als ein Hort der Intoleranz und des Dominanzstrebens erweisen, sodass die unterschiedlichen Kulturen gerade nicht gleichberechtigt sein werden. Solange man deutlich in der Minderheit ist, wird man sich abgrenzen; je mehr sich die Relationen zugunsten der eigenen Gemeinde verschieben, umso fordernder und penetranter wird man auftreten. Kritik am Islam wird schon heute als »Islamophobie« gegeißelt; in Zukunft könnte man eine »Empörungskultur« entfalten, die den Einzelnen weitgehend mundtot macht. Es werden neue Machtverhältnisse entstehen. Missionarisches Überzeugtsein und Fanatismus werden unter sonst gleichen Bedingungen den Ausschlag im Kräftemessen geben. In solchen Auseinandersetzungen stehen die Chancen derer, die nur noch ihr irdisches Leben zu leben und nicht *mehr* zu verteidigen haben als ihr privates Glück, schlecht. Ihr Opfermut, ihre Bereitschaft, sich für Kollektivinteressen einzusetzen, ist zu schwach, um sich gegenüber einer wachsenden, hungrigen, religiös fanatisierten Population behaupten zu können. Opportunisten und Schwache werden sich unterwerfen; der Rest wird den Rückzug antreten.

Die multikulturelle Gesellschaft präsentiert sich als eine Gesellschaft ethnischer und sozialer Segregation. Ethnien konzentrieren sich in einzelnen Stadtvierteln, und diese Gegenden sind zumeist Zentren der Armut und des Kinderreichtums. Schon heute weist, wie das Bundesamt für Bauwesen und Raumordnung 2008 feststellte, die türkischstämmige Bevölkerung Deutschlands eine residentielle Segregation auf, die in vielen Fällen die nordamerikanischen Segregationsindikatoren der Einwanderungsstädte erreicht.[189] Da die gegenwärtige Einwanderung vom Bedarf des Arbeitsmarktes vollständig abgekoppelt ist, Niedrigqualifizierte ein deutlich höheres Arbeitsmarktrisiko tragen als Qualifizierte und eine Einwanderung aus Staaten außerhalb der Europäischen Union daher verstärkt eine Einwanderung in die sozialen Sicherungssysteme darstellt, werden deutsche Städte in Zukunft verstärkt Orte der Armutssegregation und der »sozialen Brennpunkte« sein. Systematische Konflikte zwischen der Gruppe der Einheimischen und der der Zugewanderten sowie zwischen verschiedenen Gruppen Zugewanderter werden dort entstehen, wo gleiche Interessen aufeinanderprallen. Dies wird vor allem in Verteilungskämpfen der Fall sein.

Eine ungesteuerte Zuwanderung aus Westasien und Afrika bedeutet geradezu unausweichlich ein Anwachsen der Unterschicht. Diese Unterschicht wird jung, dynamisch und zornig sein; ihr werden überproportional Personen mit Migrationshintergrund angehören. Viele

189 Zit. nach: Stefan Luft: Der Staat und die Steuerbarkeit von Zuwanderung und Integration. In: Eckhard Jesse (Hrsg.): *Renaissance des Staates?* Baden-Baden 2011, S. 141–169, hier 163 f.

von ihnen werden die Ursachen ihres Scheiterns nicht bei sich selbst suchen; sie werden sich marginalisiert fühlen und – wenigstens unbewusst – Rachegelüste hegen. Einigen der Enttäuschten wird es nicht systematisch gelingen, diese zu kontrollieren; stattdessen werden sie ihrem Frust Luft machen und ihren Aggressionen freien Lauf lassen.

Die multikulturelle Gesellschaft wird eine Gesellschaft mit einer »minimalistischen Einheitskultur«[190] sein, in der die verschiedenen Kulturen dauerhaft koexistieren, aber nicht verschmelzen. Sie wird daher auch eine Gesellschaft sein, in der sich die Kulturen separieren. In Zukunft könnten sich Regionen mit mehrheitlich Deutschen und solche mit mehrheitlich Nicht-autochthon-Deutschen, mit mehrheitlich muslimischer und mehrheitlich nichtmuslimischer Bevölkerung herausbilden. Ein gemeinsames Nationalgefühl wird dann nicht mehr existieren, und Deutschland als ein Land, in dem quantitativ relevante Menschengruppen aus unterschiedlichen Kulturkreisen leben, wird zunehmend Probleme haben, seine Einheit aufrechtzuerhalten.[191] Eine Masseneinwanderung von als fremdartig empfundenen Menschen löst die Nation auf.

---

[190] Jost Bauch: »Unser Land entgleitet uns. Vom Nationalstaat zum Gelände«. In: *Junge Freiheit* vom 8. April 2016, S. 18.

[191] Vgl. dazu auch Samuel P. Huntington: *Der Kampf der Kulturen. Die Neugestaltung der Weltpolitik im 21. Jahrhundert.* München/Wien 1996, bes. 215, 326.

4. Rückzug

Ostdeutschland könnte zu einem Rückzugsgebiet für autochthone Deutsche werden, die der Segnungen des Multikulturalismus überdrüssig geworden sind. Eine regionale Separierung würde in der Tendenz zu einem politischen Separatismus führen. Städte und Gemeinden mit einem hohen Anteil einer bestimmten Einwanderergemeinde werden ihre eigenen Bürgermeister haben. Gleichzeitig werden unter der deutschen Restbevölkerung Stimmen aufkommen, den Beitritt Ostdeutschlands zum Geltungsbereich des Grundgesetzes rückgängig zu machen. Es könnte zu Sezessionsbestrebungen entlang religiös-ethnischer Grenzen kommen[192] – zu einer Abspaltung von Regionen, in denen Reste des deutschen Volkes sich und ihre Kultur zu behaupten wissen.

Freilich: Noch sind wir von solchen Zuständen weit entfernt. Wer sich jedoch vorzustellen versucht, wie Deutschland in einigen Jahrzehnten aussehen könnte, wird solche Überlegungen nicht für abstrus halten. Aber selbst wenn es zum Äußersten, zur Aufspaltung der kollektiven Identität des Staatsvolkes, nicht kommen sollte: Masseneinwanderung bedeutet, dass die Grundgesamtheit der Personen, die ein Territorium bevölkern und ihr Zusammenleben regeln müssen, sich in ihrer ethnischen, rassischen, religiösen und/oder kulturellen Zusammensetzung verändert. Diese veränderte Grundgesamtheit wird auf der Grundlage dessel-

192 Vgl. Michael Ley: »Islamisierung Europas: Nein, ich habe keine Vision«. In: *Die Presse* vom 19. Juni 2015.

ben Verfassungstextes andere politische und kulturelle Kämpfe austragen, zu anderen Ergebnissen gelangen, ein anderes kollektives Selbstverständnis entwickeln – sie wird letztlich eine andere kollektive Lebensform etablieren und die Verfassung sowie ihre tragenden Prinzipien selbst anders interpretieren.

Deshalb wird sich die Annahme, mit der geforderten Anerkennung der Vorrangigkeit des Wertes der Menschenwürde würden sich die grundlegenden Wertekonflikte und Orientierungsprobleme multikultureller Gesellschaften lösen lassen,[193] als eine Illusion erweisen. Der Begriff der Menschenwürde ist ein schillernder Begriff – eine Leerformel, die inhaltlich erst gefüllt werden muss. Selbst in unserer eigenen Rechtskultur lassen sich unter Berufung auf die Menschenwürde (etwa in der Abtreibungsfrage) konträre Rechtsauffassungen begründen. Auf einer hinreichend hohen Abstraktionsebene dürften alle Hochkulturen ähnliche Wertvorstellungen haben. Unterschiede könnte es im genaueren Verständnis der Werte, in Auffassungen über ihre Reichweite, in Prioritätssetzungen, in der Behandlung von Wertkollisionen etc. geben. Mindestens ebenso wichtig wie unterschiedliche Wertvorstellungen sind Unterschiede in den handlungsrelevanten außermoralischen Annahmen und Überzeugungen – das heißt den Annahmen und Überzeugungen darüber, was der Fall ist.[194] Jedenfalls können auch Muslime Grundwerte wie Frei-

---

193 So Burkhard Wilk: *Die politische Idee der Integration.* Berlin 2011, S. 120.

194 Vgl. Lothar Fritze: *Anatomie des totalitären Denkens. Kommunistische und nationalsozialistische Weltanschauung im Vergleich.* München 2012, S. 13.

heit, Gerechtigkeit und Sicherheit *in abstracto* anerkennen; sie werden daher nicht in Verlegenheit geraten, ihre islamischen Normen und Traditionen als mit diesen Grundwerten in Übereinstimmung stehend darzutun. Sobald ihr Einfluss groß genug ist – und dies könnte geschehen, lange bevor sie den Zustand der Diaspora verlassen haben –, werden Aktivisten, und sei es nur auf dem Wege der Neuinterpretation, auch das faktische Recht, das sie jetzt womöglich nur mit »innerem Vorbehalt«[195] respektieren, ihren religiösen Vorstellungen gemäß zu ändern wissen.

Man könnte sagen: Solche Prozesse haben gerade auch in der Geschichte Deutschlands permanent stattgefunden und sind als solche nicht beklagenswert. Dies mag sein. Übersteigt jedoch das Tempo dieser Prozesse die Wandlungsfähigkeit und den Anpassungswillen der autochthonen Bevölkerung, dann greifen Gefühle der Entfremdung Platz und es steigt das Konfliktpotenzial. In der Endkonsequenz könnten viele von ihnen in einem Land leben, in dem sie nie leben wollten. Dies wird in Deutschland umso mehr der Fall sein, als sich territoriale Separierungen nur bedingt anbieten.

Bevor solche Verhältnisse eingetreten sind, ist zu fragen, ob die Vermeidung von Parallelgesellschaften der unter allen Bedingungen vernünftigste Weg ist. Parallelgesellschaften können für diejenigen nützlich sein, die sich in der Minderheit befinden. Sobald sich die Aufnahmegesellschaft erkennbar auf dem Weg befindet, sich selbst zu marginalisieren, sollte sie auch

---

195 So Raschid Bockemühl: Neues vom Kampf der Kulturen: Die Sakralisierung der Säkularisierung. In: http://www.islam.de/16814.php.

Optionen der Separierung in Erwägung ziehen. Eine Verteilung der Einwanderer auf das gesamte Land mit dem Ziel, Parallelgesellschaften und Ghettos zu vermeiden, ist nur sinnvoll, wenn es sich um Mengen handelt, die noch als assimilierbar gelten. Ansonsten könnte der Rückzug in Parallelgesellschaften das letzte Mittel der Identitätswahrung sein. Das heißt: Sobald die Infiltration des Landes mit Fremden und Fremdbleibenden eine kritische Größe erreicht hat, ist die gleichmäßige Verteilung von Migranten auf alle Schulen und Wohngebiete der sichere Weg, deutsche Identität, wie wir sie bisher kennen, komplett aufzulösen.

Auf die alte Frage, wie zu erklären ist, dass die hochentwickelte und materiell potente römische Zivilisation dem Druck armer, barbarischer Nachbarn nicht standgehalten hat, sind unterschiedliche Antworten gegeben worden. Alexander Demandt nimmt an, dass trotz der Fremdenfreundlichkeit des Römischen Reiches die Integration der ins Land drängenden vitalen Germanenhorden immer schwerer wurde, je mehr kamen und je höhere Posten sie errangen: »Überschaubare Zahlen von Zuwanderern ließen sich integrieren. Sobald diese eine kritische Menge überschritten und als eigenständige handlungsfähige Gruppen organisiert waren, verschob sich das Machtgefüge, die alte Ordnung löste sich auf.«[196] Könnte es sein, dass das Einsickern einer fremdkulturellen Bevölkerung den

196 Alexander Demandt: »Das Ende der alten Ordnung«. In: *Frankfurter Allgemeine Zeitung* vom 21. Januar 2016, S. 6. – Zum Untergang der römischen Republik siehe auch David Engels: *Auf dem Weg ins Imperium. Die Krise der Europäischen Union und der Untergang der römischen Republik. Historische Parallelen.* Berlin 2014.

Niedergang Europas eingeläutet hat – und wir dieser zivilisatorischen Regression lediglich ratlos beiwohnen?

IX.
STATT EINES NACHWORTS

1. Warum es bereits zu spät ist

Wer über die Zukunft Europas nachdenkt, sollte sich die Worte des algerischen Staatspräsidenten Houari Boumedienne vom April 1974 vergegenwärtigen: »Eines Tages werden Millionen von Menschen die südliche Hemisphäre verlassen, um in die nördliche Hemisphäre zu wandern. Und sie werden nicht als Freunde kommen, sondern als Eroberer. Und sie werden sie mit ihren Kindern erobern. Die Bäuche unserer Frauen werden uns den Sieg verschaffen.«[197] Man darf annehmen, dass die Worte in einer Rede vor der Generalversammlung der Vereinten Nationen wohlüberlegt waren und der Überzeugung des Redners entsprachen. Boumedienne ist nicht der einzige Politiker, von dem solche Verlautbarungen überliefert sind. Der türkische Staatspräsident Süleyman Demirel beispielsweise soll Ähnliches gegenüber Bundeskanzler Helmut Schmidt geäußert haben.[198]

Was vielleicht damals noch als Spinnerei oder leere Drohung abgetan werden konnte, wird man heute als ein mögliches, ja wahrscheinliches Szenario betrachten. Und man wird sich fragen: Werden die westlichen Gesellschaften zum Selbstschutz überhaupt noch in der Lage sein? Die administrative Fähigkeit demokratischer Verfassungsstaaten, Einwanderung und Integration zu steuern, gilt schon heute als gering. Innerhalb der Europäischen Union ist die Steuerungsmöglichkeit

---

197 Houari Boumedienne, zit. nach: R. Camus, *Revolte gegen den Großen Austausch* (FN 87), S. 83.

198 Vgl. E. Flaig, *Gegen den Strom* (FN 6), S. 88.

mit den Mitteln nationaler Gesetzgebung und Rechtsprechung stark reduziert. Die Vorgaben zur Vergemeinschaftung der Einwanderungs- und Asylpolitik, die entsprechenden Richtlinien der EU-Kommission und die Rechtsprechung des Europäischen Gerichtshofes dominieren die nationale Migrationspolitik.[199] Nicht vorausgesehene und nicht gewünschte Folgen werden ausgeblendet. Das mangelhafte Problembewusstsein der Politik hat Migrationsprozesse in Gang gesetzt oder geduldet oder vielleicht sogar bewusst erzeugt, deren Steuerung immer schwerer und von den tonangebenden, globalistisch gestimmten Eliten immer weniger gewollt wird. Deutschland wird zudem von einer Regierungschefin geführt, die zwar davon überzeugt ist, dass man ein Land wie Deutschland »nicht abriegeln« kann, gleichzeitig aber auf den Schutz der europäischen Außengrenzen baut und ansonsten in der Hoffnung lebt, eine faire Verteilung der Flüchtlinge in der EU durchsetzen und die Bekämpfung der Fluchtursachen angehen zu können.[200]

Die diesem – teils widersprüchlichen, teils inadäquaten – Denken entspringende Politik, deren Insuffizienz erkennbar ist, hat schon bisher gravierende Tatsachen geschaffen. Offenbar aber ist nicht wenigen an genau diesen Folgen gelegen. Niemand kann heute noch überrascht sein, wenn sich der türkische Unternehmer Vural Öger, SPD-Abgeordneter im Europäischen Parlament,

199 Vgl. St. Luft, Der Staat und die Steuerbarkeit von Zuwanderung und Integration (FN 189), S. 141, 147 ff.

200 Vgl. Berthold Kohler/Klaus-Dieter Frankenberger/Jasper von Altenbockum: »›Ich werde keine Scheinlösungen vorschlagen‹. Interview mit Angela Merkel«. In: *Frankfurter Allgemeine Zeitung* vom 17. Oktober 2015, S. 5.

in einem Interview mit der türkischen Zeitung *Hürriyet* zu der »optimistischen« Prognose berechtigt sieht: »Im Jahr 2100 wird es in Deutschland 35 Millionen Türken geben. Die Einwohnerzahl der Deutschen wird dann bei ungefähr 20 Millionen liegen. Das, was Kamuni Sultan Süleyman 1529 mit der Belagerung Wiens begonnen hat, werden wir über die Einwohner mit unseren kräftigen Männern und gesunden Frauen verwirklichen.«[201]

Ein Denken in diesen Kategorien ist uns fremd (geworden). Deshalb sind wir geneigt, eine Einlassung dieser Art als Rhetorik abzutun. Aber sind wir damit wirklich gut beraten? Oder könnte sich das Nicht-ernst-Nehmen eines solchen Denkens, das aus westeuropäischer Sicht einem vormodernen zivilisatorischen Entwicklungsniveau angehört, nicht als ein verhängnisvoller Fehler erweisen? Den Islam in der Welt zu verbreiten – »auch wenn es den Ungläubigen zuwider ist« (Sure 9,33)[202] –, betrachten traditionell eingestellte Muslime als ihre religiöse Pflicht. Der Muslim, der sich dieser Aufgabe widmet, erfüllt einen göttlichen Auftrag. Je nach den Umständen nimmt die islamische Gemeinschaft in der Auseinandersetzung mit der nichtislamischen Welt eine offensive oder eine defensive Haltung ein.[203] Wer sich allerdings der Erfüllung dieses Auftrags widersetzt und sich nicht unterwirft, vergeht sich gegen sich selbst. Eine islamische Eroberung liegt demnach im wohlverstandenen Eigeninteresse der Eroberten. Denn ihnen

201 Zit. nach: E. Flaig, *Gegen den Strom* (FN 6), S. 88.

202 *Der Koran. Übersetzung von Max Henning.* Leipzig 1974.

203 Vgl. Adel-Theodor Khoury: *Der Glaube des Islams. Dargestellt im Vergleich mit den theologischen Grundlagen der katholischen Kirche.* Leipzig 1982, S. 215 ff.

wird die Chance eröffnet, zum Islam zu finden und Teil der weltumspannenden muslimischen Gemeinschaft zu werden.[204] Ein Verstehen der inneren Logik des Islam ist Voraussetzung, um dem islamischen Expansionswillen wirklich entgegentreten zu können.

Die administrative Fähigkeit, Einwanderung zu verhindern oder nach eigenen Vorstellungen zu steuern, ist aber nur eine Seite des Problems. Noch wichtiger ist die Bereitschaft und mentale Stärke, menschlich verständliche Interessen Einwanderungswilliger gegebenenfalls zu missachten. Wir sehen einer Welt entgegen, in der Verteilungskämpfe zunehmen und an Schärfe gewinnen. In diesen Kämpfen wird es nicht nur um Güter, sondern auch um Lebensräume und den Zugriff auf Ressourcen gehen. Zugleich müssen wir mit dem Zusammenprall unvereinbarer Ideologien rechnen. Interessenkonflikte sollten möglichst kooperativ beigelegt werden. Unter allgemeinen Bedingungen der Knappheit ist aber immer auch mit Konflikten zu rechnen, für die es keine für alle Beteiligten akzeptable Lösung gibt.

Diese Erkenntnis ist wichtig, weil sich Anhänger der »Willkommenskultur« der Illusion hingeben, sie kennten solche Lösungen und würden nur durch Egoisten, Irrationale oder Ewiggestrige an ihrer Realisierung gehindert. Tatsächlich aber bewirkte die Gewährung eines unbeschränkten Niederlassungsrechts die Selbstzerstörung, und diese Selbstzerstörung träte ein, lange

---

[204] Vgl. Bat Ye'or: *Europa und das kommende Kalifat. Der Islam und die Radikalisierung der Demokratie. Übersetzung, Hintergründe und Kommentierung von Hans-Peter Raddatz.* Berlin 2013, S. 6 ff.

bevor die Duldung einer Masseninvasion an den Verhältnissen in den geburtenstarken, aber wirtschaftsschwachen Herkunftsländern etwas merklich geändert hätte. Das heißt aber: Der Westen muss sich mit dem Gedanken vertraut machen, dass es nicht für alle sozialen Probleme auf der Welt durchschlagende Lösungen gibt, die mit den Idealvorstellungen, ja vielleicht noch nicht einmal mit den Minimalvorstellungen einer planetaren Menschenrechtsgesellschaft in Übereinstimmung zu bringen sind. Und dies heißt: Wir alle müssen zum Schutz eigener Interessen bereit sein, politische Maßnahmen zu akzeptieren, die den eigenen moralischen Ansprüchen zuwiderlaufen.

Trotz allerlei Verlautbarungen, die ein Umdenken in manchen Politikerkreisen signalisieren, deutet noch immer nichts darauf hin, dass die einzigen Maßnahmen, die sowohl einer unerwünschten Masseneinwanderung als auch einer Islamisierung Europas effektiv entgegensteuern könnten, tatsächlich ergriffen werden: ein Stopp der Einreise nicht Einreiseberechtigter (einschließlich der auf See Geretteten), die konsequente Rückführung abgelehnter Asylbewerber, die Beendigung des Aufenthaltsrechts für Flüchtlinge nach Wegfall der Fluchtgründe und eine deutliche Begrenzung des Familiennachzugs. Durch diese Maßnahmen würden keine »europäischen Werte« zerstört, sondern es würde jene Lebensform bewahrt, in der diese Werte gelebt werden können. Deutschland und Europa befinden sich in einer Notstandssituation, in der auch die Übertretung rechtlicher Regeln moralisch und rechtlich erlaubt sein kann.

Selbst wenn man – gegen alle Wahrscheinlichkeit – annimmt, dass sämtliche Einwanderer sich darum bemühen, ihren Lebensunterhalt selbst zu verdienen, und die Verfassungs- und Rechtsordnung anerkennen, veränderten sie doch die Kultur des Landes derart, dass Verfassungsgrundsätze künftig im Lichte der neu etablierten Lebensformen sowie der Scharia interpretiert würden. Die dadurch in Gang gesetzten Wandlungsprozesse könnten in einem Tempo vonstattengehen, das viele Einheimische überfordert und ihr gewohntes Leben zerstört.

Angesichts dieser Aussichten scheint die Politik der Strategie zu folgen, das allgemeine Dämmern der Einsicht, dass der sich bereits vollziehende »Bevölkerungsaustausch« unumkehrbar zu werden droht, möglichst lange hinauszuzögern. Eine Mischung aus gesinnungsethisch aufgeladener Irrationalität, politischer Infantilität und Parteienkalkül hat uns in diese Lage gebracht. In zynischer Weise setzt man nunmehr auf einen Gewöhnungseffekt und zugleich darauf, dass die Dynamik der Veränderungen dazu zwingt, sich mit dem dann Unabänderlichen zu arrangieren.

Dies ist der Preis, den Völker zu zahlen haben, die ihren Besitzanspruch auf das eigene Territorium aufgeben. Der Glaube, es sei unter allen Umständen moralisch geboten, nach humanitär-universalistischen Grundsätzen zu leben, entspringt einer selbstzerstörerischen Ideologie. Sie macht unfähig zur Selbstbehauptung und geneigt zur Verklärung alles Fremden. »Alle Menschen werden Brüder«, dichtete Friedrich Schiller in einem

schwachen Moment[205] – und imaginierte einen fried-
lichen Weltzustand des allgemeinen Menschenglücks.
Noch immer aber sperrt sich das Paradies gegen jeden
Anlauf seiner irdischen Realisierung.

Die Etablierung einer grenzenlosen Welt und ei-
ner weltweiten Freizügigkeit ist ein solcher Versuch.
Sobald die illusionären Hoffnungen auf schrankenlose
Verwirklichung einer Menschenrechtsmoral, auf globale
Verbrüderung und auf universale »Bereicherung« durch
Fremde der Ernüchterung gewichen sind, wird man die
einzig vertretbare Möglichkeit in der bedingungslosen
Kapitulation sehen. Die deutschen Eliten haben diesen
letzten gedanklichen Schritt – bewusst oder unterbe-
wusst – bereits vollzogen.

205 Friedrich Schiller: An die Freude. In: Ders.: *Werke*. Nationalausgabe, 2. Bd.,
Teil II A. Weimar 1991, S. 146–152, hier S. 147.

Auch hoffnungslos erscheinende Lagen sind nie wirklich ohne jede Hoffnung. Die Lage, in der wir uns befinden, ist menschengemacht, ja, zumindest zum Teil politisch gewollt. Wer gegensteuern möchte, muss die Herrschaftsverhältnisse ändern. In einer Demokratie ist dies nur auf dem Wege von Wahlen möglich. Das Wählerverhalten aber verändert man durch einen Bewusstseinswandel.

Der entscheidende Schritt, diesen Bewusstseinswandel einzuleiten, ist die Entlarvung jener Ideologie, die der »Willkommenskultur« zugrunde liegt. Denn sie ist nicht mehrheitsfähig und deshalb ausformuliert öffentlich nicht vertretbar. Wären die Vertreter der universalistischen und antinationalen Grundposition gezwungen, die Implikationen ihres Denkens offenzulegen, die voraussichtlichen Folgen ihrer Politik abzuschätzen und ihre Gesellschaftsvorstellungen zu beschreiben, würde die innere Unplausibilität ihrer Position für jedermann sichtbar werden. Es würde der utopische, unrealistische Charakter dieses Denkens entlarvt; es würde augenscheinlich, in welch fahrlässiger Weise Erfahrungen missachtet werden. Vor allem aber würde vielen Menschen bewusst werden, dass die gesellschaftlichen Eliten Ziele verfolgen, die sie nicht teilen, dass Politiker die Verhältnisse in ihrem Lande in einer Weise umzugestalten trachten, die sie nicht wünschen.

Noch befinden sich die Vertreter der »Willkommenskultur« im Angriffsmodus. Indem sie die Positionierung in der Einwanderungskrise zu einer Frage der Moral

186

gemacht haben, scheinen sich nur ihre Gegner rechtfertigen zu müssen. Denn das (vermeintlich) Gute zu wollen versteht sich von selbst; wer das Gute will, ist daher auf der sicheren Seite. In Erklärungsnöte gerät, wen das Leid der Anderen nicht anficht. Die Ideologen einer unbeschränkten Einwanderung machen sich menschliche Intuitionen zunutze, um ihr Projekt der gesellschaftlichen Neugestaltung zu befördern und ihre zur Schau getragene moralische Selbstgewissheit zu nähren.

Damit sich die Kräfteverhältnisse in der Debatte um die angebliche Unvermeidbarkeit und den Nutzen der Massenimmigration verändern, muss zunächst der Anspruch der Protagonisten der »Willkommenskultur«, die Moral allein auf ihrer Seite zu haben, als unhaltbar zurückgewiesen werden. Sodann ist die allgegenwärtige Insinuation, die Gegner einer massenhaften Einwanderung blieben von menschlichem Leid unberührt, als das zu kennzeichnen, was sie ist: eine unzutreffende Unterstellung. Schließlich sollten die Anhänger der Masseneinwanderung genötigt werden, Farbe zu bekennen. Es wird dann schlagartig deutlich, dass sie ein soziales Experiment verfolgen, das die Bevölkerung nicht wünscht und, wie alle Großexperimente zuvor, nur scheitern kann.

Der Hauptweg zu der gebotenen Veränderung der Debattenlage besteht darin, die politischen Auseinandersetzungen zu entmoralisieren und die einseitige Verteilung der Erklärungs- und Rechtfertigungslasten aufzubrechen.

PERSONENREGISTER

SACHREGISTER

AUS DER EDITION SONDERWEGE

Václav Klaus und Jiří Weigl
VÖLKERWANDERUNG
Kurze Erläuterung der aktuellen
Migrationskrise

Allein nach Deutschland kam im Jahr 2015
über eine Million Migranten. Weitere Millionen
Menschen machen sich auf den Weg nach Europa.
Die Verantwortungslosigkeit der europäischen Politik
mit Angela Merkel an der Spitze feuert die neue
Völkerwanderung zusätzlich an. Statt die natürlichen
Interessen souveräner Nationalstaaten zu wahren,
predigt die deutsche Kanzlerin einen fahrlässigen
Willkommenseifer. Städte und Kommunen versuchen
derweil verzweifelt, das Chaos zu verwalten.
Die Bürger laufen ihren politischen Vertretern davon,
und die Hegemonie deutschen Gefühlsdusels zerstört
den Frieden Europas.

Dagegen ergreift einer der herausragenden
Staatsmänner Europas das Wort. Der langjährige
Präsident Tschechiens Václav Klaus fordert, sich von
den barmherzigen Tagträumen zu verabschieden.
Den europäischen Führungseliten wirft er vor,
mit dem Druck der Flüchtlingsmassen die
Reste europäischer Nationalstaatlichkeit
zu zerstören. Klaus fürchtet um die
Zukunft Europas.

96 Seiten, 13 x 20,5 cm,
Klappenbroschur
ISBN 978-3-944872-30-8

www.manuscriptum.de

AUS DER EDITION SONDERWEGE

Michael Klonovsky
DIE LIEBE IN ZEITEN DER LÜCKENPRESSE
Reaktionäres vom Tage –
Acta diurna 2015

»Wir schaffen das!« war ursprünglich
der Ausruf Michael Klonovskys beim Anblick
seines ersten Käsewagens in einem französischen
Restaurant. Seitdem hat sein caesarisches Diktum es
weit gebracht. So weit, dass der Urheber sich mittlerweile
an sein Leben im Sozialismus erinnert fühlt: »2015 ist das
DDR-ähnlichste Jahr meiner seit 1990 gesamtdeutsch-
bundesrepublikanischen Existenz«, schreibt Klonovsky
in seinem neuen Band der Acta diurna. Das Jahr der
Bereicherung markiert die Teilung des Landes in einen
guten, hellen, aufgeklärten, ewigmorgigen und in einen
angeblich dunklen, dumpfen, gefährlichen, ewiggestrigen
Teil, einstimmig verkündet und verstärkt durch die
Medienschaffenden der zweiten Deutschen
Demokratischen Republik. Mit seinem heiteren
Scharfsinn protokolliert Klonovsky die Umformung
Deutschlands in eine sozialistische Erziehungs-
demokratur mit halbwegs levantinischem
Antlitz.

394 Seiten, 13 x 20,5 cm,
Softcover, Leseband
ISBN 978-3-944872-28-5

www.manuscriptum.de

AUS DEM LANDTVERLAG

Peter Furth
MASSENDEMOKRATIE
Über den historischen Kompromiß zwischen Liberalismus
und Sozialismus als Herrschaftsform. Vier Aufsätze
Mit einer Einleitung von Frank Böckelmann

Der Begriff »Massendemokratie« kennzeichnet die politische
Gegenwart der westlichen Welt wie kein zweiter. Der Berliner
Sozialphilosoph Peter Furth läßt keinen Zweifel daran, daß die
Massendemokratie etwas grundsätzlich Neues ist, auch wenn
»Masse« und »Demokratie« sehr vertraut klingen. In der Tat geht
es um die alten Gegensätze der Politik und der politischen Theorie,
um Masse und Individuum, Freiheit und Gleichheit, Bourgeois und
Citoyen, Liberalismus und Sozialismus. Die überraschende Leistung
der Massendemokratie besteht jedoch darin, diese Gegensatzpaare
erstmals miteinander korreliert zu haben – mit teils überraschenden
und paradoxen Folgen. Möglich war das nur im Rahmen einer
historisch einzigartigen Überwindung der Knappheit an materiellen
Gütern und finanziellen Ressourcen. Seitdem genießen die Massen
der Massendemokratie ihr Menschenrecht als ein »Privileg für alle«.
Allerdings, ihre medialen Erwartungen überstrahlen ihre tatsächlichen
Erfahrungen. Wird es dabei bleiben? Die materielle Versorgung kann
einbrechen, und in der Angst vor dem Terrorismus kündigt sich an,
daß sich Aufstandsmassen und »Unterhaltungsmassen«
(Peter Sloterdijk) einander gegenüber stehen werden.
Peter Furths Aufsätze schließen an die Arbeiten von
Panajotis Kondylis (1943–1998) an, der dem Begriff
»Massendemokratie« erstmals eine klare
Kontur gegeben hat.

196 Seiten, 13 x 21 cm,
Gebunden, Fadenheftung, Leseband, Schutzumschlag
ISBN 978-3-944872-19-3

www.manuscriptum.de

AUS DER EDITION SONDERWEGE

Dimitrios Kisoudis
GOLDGRUND EURASIEN
Der neue Kalte Krieg
und das Dritte Rom

Der Kampf um die globale Hegemonie und die
weltweiten Rohstoffvorkommen konzentriert sich auf
»Eurasien«. Für die Europäer ist der Begriff eine Provokation,
weil sie sich lieber der westlichen Hemisphäre zurechnen –
mit schwerwiegenden Folgen. Der alte Konflikt zwischen
NATO und Warschauer Pakt lebt wieder auf, aber ideologisch
haben sich die Fronten verkehrt. Der Osten ist heute liberal
und der Westen sozialistisch. Der Osten pflegt den autoritären
Liberalismus, der Westen den Geldsozialismus.
Im Westen herrscht Dekonstruktion, im Osten wird die
Tradition gegen die Angriffe der postmodernen Ideologien
verteidigt. Insbesondere die Deutschen müssen sich nach
Ansicht des Autors neu orientieren. Wenn sie an der
Westbindung festhalten, schneiden sie sich von den
Energiequellen des Ostens ab und treiben Russland in die
Arme Chinas. Es fragt sich auch, ob sie mit den politischen
Einflussnahmen der USA gut beraten sind. Deren Basis
ist brüchig: ein inflationierendes Zahlungsmittel, das seit
langem nicht mehr durch Gold gedeckt ist ...

Kisoudis legt mit diesem Essay eine meisterhafte
weltgeschichtliche Skizze vor, eine einzigartige
Zusammenschau von Geopolitik, Wirtschaftstheorie und
Politischer Theologie, eine atemberaubende Zeitreise von der
Antike über das »Dritte Rom« bis zum heutigen Kampf
der Großmächte.

120 Seiten, 13 x 20,5 cm, Klappenbroschur
ISBN 978-3-944872-12-4

www.manuscriptum.de

Zweite, verbesserte Auflage 2017

Edition Sonderwege
© Manuscriptum Verlagsbuchhandlung
Thomas Hoof KG · Waltrop und Leipzig 2016

Satz: Graphische Konzepte, Mettmann. Gesetzt aus Arno Pro
Umschlag: Frank Ortmann, freies grafikdesign, Potsdam
Druck und Bindung: CPI books, Ebner & Spiegel GmbH, Ulm

Printed in Germany
ISBN 978-3-944872-32-2
www.manuscriptum.de